Elizabeth Pérez Bravo
Cesar Montoya

Estructura De Valores De Schwartz Y Habilidades Directivas

Elizabeth Pérez Bravo
Cesar Montoya

Estructura De Valores De Schwartz Y Habilidades Directivas

Bajo El Enfoque De La Gerencia Educativa

Dictus Publishing

Cover image: www.ingimage.com

Publisher:
Dictus Publishing
is a trademark of
Dodo Books Indian Ocean Ltd., member of the OmniScriptum S.R.L Publishing group
str. A.Russo 15, of. 61, Chisinau-2068, Republic of Moldova Europe
Printed at: see last page
ISBN: 978-3-8473-8764-0

ESTRUCTURA DE VALORES DE SCHWARTZ Y HABILIDADES DIRECTIVAS

BAJO EL ENFOQUE DE LA GERENCIA EDUCATIVA

AGRADECIMIENTO

A César Montoya y José Ángel Alcorta por las orientaciones recibidas.

Gracias.

ÍNDICE

INTRODUCCIÓN

En toda organización el proceso administrativo opera con información, recursos y personal. Las actividades se desarrollan de acuerdo con la orientación que se le dé a las funciones gerenciales, para alcanzar muchos y variados objetivos, donde las personas que allí trabajan ven a la organización como un medio para alcanzar sus metas, las cuales no podrían ser logradas solo a través del esfuerzo individual, sino que necesitan esfuerzos coordinados de un grupo de individuos, donde el gerente sepa manejar el recurso humano que tiene a su disposición.

La presencia de una Estructura de Valores en las organizaciones ha llegado a ser sumamente importante, mediante la especialización de factores técnicos y sociales para crear destrezas que faciliten su desempeño en la conducción del recurso humano y así lograr mejores resultados. De allí que se les plantea a las instituciones el utilizar, para el mayor beneficio de su labor, Habilidades Directivas que les permitan valorar al personal y de esa forma tener un recurso humano más competente.

Al estudiar la correspondencia entre la estructura de valores y las habilidades que poseen los directivos al momento de realizar su actividad gerencial, se presenta una visión actualizada sobre este aspecto y se proporciona información acerca de cómo se lleva a cabo la dirección de las mismas basada en valores.

Dentro de la responsabilidad o actividad gerencial de los directivos se destaca el hecho de mantener al personal de la organización integrado y motivado en su trabajo, lo cual en los actuales momentos es muy importante, debido a que hoy en día deben adaptarse continuamente a los cambios que tienen diariamente en sus respectivos ambientes, así como también ajustarse a las innovaciones gerenciales que se dan en forma constante.

Así mismo, el enfoque que se presenta en este libro sirve como apoyo a todas aquellas instituciones que se propongan la optimización de las habilidades por parte de quienes tienen la función de dirigir el recurso humano y fomentar la aplicación de estrategias gerenciales en beneficio de las instituciones y por ende de su personal.

RESUMEN

El término valores adquiere diferentes significaciones y enfoques desde los distintos puntos de vista de la significación lingüística, la significación filosófica, la significación pedagógica, la significación sociológica, la significación psicológica, la significación de Rockeach y la significación de Schwartz.

El modelo de Schwartz constituye el enfoque teórico en este libro, para este autor cada valor contiene a su vez otros tipos, donde se construye un mapa conceptual clasificándolos como valores motivacionales y así se tiene la trascendencia, la benevolencia, el universalismo, la promoción personal, la conservación o conservadorismo, apertura al cambio, autodirección, estimulación, hedonismo o autonomía efectiva.

Las habilidades directivas están representadas por la comunicación y sus tipos, el liderazgo y sus formas de manifestación, la creatividad, la dirección con sus estilos de pensamiento, equipos de trabajo para la realización de las actividades organizacionales, la administración del tiempo.

Las organizaciones desarrollan sus valores como una acción conjunta con su personal para crear su propia dinámica organizacional en aras de un buen desempeño laboral. Los valores pueden ser éticos, sociales, morales, que orientan la dirección de las instituciones, de esta manera se define el estilo de dirección que se ejerce en las organizaciones.

Palabras claves: valores, habilidades, gerencia, dirección.

PRIMERA PARTE:
VALORES Y GERENCIA

VALORES

Existen diferentes apreciaciones y significaciones del concepto "valor", como también diversas clasificaciones. Se presentan a continuación los diversos significados:

1. Desde el punto de vista de la significación lingüística:

El término valor presenta doble acepción: la derivada del latín significa "estar vigoroso o sano, ser más fuerte". Esto alude a que el valor hace que el hombre aprecie o desee algo por sí mismo o por su relación con otra cosa, siendo la cualidad por la que se desean o estiman las cosas por su proporción para satisfacer las necesidades.

2. Desde el punto de vista de su significación filosófica:

Dentro de la apreciación filosófica, Tunnermanh (1999, p. 3) define a los valores "*como las creencias con las cuales dirigimos nuestra vida y hemos seleccionado después de una cuidadosa selección y la hemos agregado a nuestra conducta*", es decir, permiten elegir entre varias alternativas en un momento dado, siempre y cuando se tenga un sistema claro de valores para poder hacer la mejor selección. Un sistema claro de valores le ofrece a la persona bienestar, pues le hace más fácil tomar decisiones y elegir su camino. Por el contrario, si el sistema de valores es indefinido, produce conflictos y malestar e incertidumbre al momento de tomar decisiones.

Por su parte, Das Rochas (1999) sostiene que el valor está íntimamente relacionado con la noción de ética.

En la filosofía contemporánea se puede distinguir dos corrientes sobre cómo se origina la idea del bien. Por una parte, la corriente de los universalistas sostiene que la noción del bien es una intuición universal, las personas saben distinguir lo correcto de lo incorrecto por una capacidad intrínseca a la condición humana. Por otra parte, la corriente de los circunstancialistas admite que la noción del bien tiene un origen social y se relaciona con los intereses colectivos de supervivencia y adelanto de la sociedad.

Se infiere así que los intereses se abstraen en valores que se incorporan a la sociedad y representan criterios que polarizan los juicios de valor en términos del bien y del mal; el problema ético en la práctica consiste más, por lo tanto, en saber por qué mecanismo misterioso ese conocimiento del bien se dio.

3. Significación pedagógica:

Para Hernando (1997), desde la perspectiva pedagógica los valores tienen los siguientes rasgos:

- Es una cualidad del ser (persona o cosa) que tiene esa cualidad deseada por las personas o grupos.
- Nunca se agotan, de modo que no son concluidos y por lo tanto siempre son mejorables.
- El mundo del valor lo constituye el hombre, de manera que algo vale solo cuando un ser-persona lo valora.
- A todo valor le corresponde un antivalor, estableciéndose una bipolaridad de valores, de manera que a un polo positivo le corresponde uno negativo. En el polo positivo se ubican los valores.
- La intuición, el sentimiento y la afectividad juegan un papel importante al momento de optar por un valor.
- Son relativos, dependen de la época, lugar y tipo de sociedad.
- Son orientadores de los juicios.
- Se estructuran siempre en una jerarquía.

4. Significación sociológica:

Komblit (1994) sostiene que en la psicología social los valores se definen como estructuras cognitivas y complejas que implican también dimensiones evaluativas y conductuales. De manera que permiten al sujeto interpretar la realidad, proveyéndolo de significados compartidos culturalmente, el énfasis está puesto en el análisis cognitivo de los valores, que comprende el estudio de cómo ellos son representados como objetivos mentales, esto implica el deslinde de sus implicaciones emotivas como objeto de análisis.

Desde la perspectiva de las ciencias sociales, los valores se conciben como opciones entre posibles maneras de actuar, de acuerdo con una jerarquía condicionada por la concepción del mundo sostenida por una determinada colectividad, por consiguiente, son sistemas representativos de interpretación y valoración de las condiciones sociales. Teóricamente se relacionan con dos aspectos fundamentales de la condición humana: a) su capacidad de trascender lo existente, en cuanto a que son concepciones acerca de lo ideal; b) la elección o preferencia que implican en cuanto a unos modos de ser o de actuar frente a otros.

Romero (1998), desde la perspectiva sociológica en término de las organizaciones en transición, sostiene que los valores tienen al menos tres dimensiones: cognitiva (creencia), motivacional (meta energizante) y ética (comportamiento prosocial). Las dos primeras tienen que ver con la producción y regulación de la conducta individual. La tercera afecta de lleno al desempeño de la persona en los ambientes sociales, laborales y no laborales.

- Cognitiva (creencias): convierte al valor en una creencia prescriptiva, de modo que no es una simple creencia descriptiva ni evaluativa, sino que prescribe un comportamiento como preferible a otro.
- Motivacional (metas energizantes): los valores son metas y como tales energizan el comportamiento de la persona. Cuando se tiene un valor su cumplimiento se convierte en una necesidad interior de la persona.
- Ética (comportamiento prosocial): los valores son, por definición, socialmente positivos. El comportamiento ético promueve el entendimiento, el respeto a los demás, la paz, la felicidad, en esta dimensión se basa la presente investigación.

De este modo, los valores contribuyen a que las personas y organizaciones cuenten con creencias, motivos y comportamientos prosociales que les conduzcan a autoaceptarse y a ser aceptados por los otros. Por un lado, permiten la orientación del comportamiento individual y colectivo, y por otro lado funcionan como pegamento individual, social y organizacional.

5. Significación psicológica:

Los valores son concepciones de lo deseable que influyen en las formas en que la gente evalúa eventos y elige vías de acción. Sirven de base tanto para actitudes como para conductas, orientan las actitudes y las conductas de individuos y grupos.

6. Significación de Rockeach (1973):

Rockeach desarrolló un instrumento adecuado para la medición de la jerarquía de valores personales y un procedimiento simple para influir sobre las actitudes y las conductas individuales mediante el suministro de información que llevará a la persona a aportar críticamente sus propios valores.

Existen cinco supuestos básicos para explicar la importancia de los valores:

- El número total de valores que una persona posee es relativamente pequeño.
- Todos los hombres en todos los lugares del mundo poseen los mismos valores en diferentes grados de importancia, de acuerdo con la realidad socio-cultural y los cambios sociales donde se desenvuelve la persona.
- Los valores están organizados dentro de un sistema de valores.
- Los antecedentes de los valores humanos pueden retroceder en la cultura, sociedad, instituciones y en particular en la personalidad del individuo.
- Las consecuencias de los valores humanos se manifiestan en casi todos los fenómenos que los científicos sociales pueden considerar de importancia investigar.

Cabe señalar que la diferencia existente entre valores y sistemas de valores estriba en que los primeros indican la forma como el individuo debe comportarse, sirven como punto de referencia para establecer si la conducta está a niveles adecuados y como base para racionalizar la conducta, mientras que el sistema de valores es una organización aprendida de principios y reglas que guían al individuo a seleccionar conductas frente a una situación.

Rockeach (1979) señala que los valores poseen un componente motivacional, así como también poseen componentes afectivos, cognitivos y de conducta. Los valores son motivantes, porque hacen que las personas mantengan y mejoren el proceso de autoestima.

Ahora bien, entre las funciones motivacionales de los valores se tiene:

- Función de autorrealización: los individuos evalúan los valores para lograr la competencia.
- Función de autodefensa: ciertos valores protegen a la persona, ya que algunos sentimientos y acciones no son aceptados social ni personalmente y pueden ser transformados por el proceso de racionalización.
- Función de ajuste: ciertos valores son ajustados o utilitariamente orientados de acuerdo con las situaciones.

Clasificación de los valores según Rockeach (1979). Los valores pueden ser terminales o instrumentales:

- Terminales: representan estados deseables de existencia y pueden ser tanto de naturaleza personal (centrados en el yo) como de naturaleza social (centrados en las relaciones interpersonales).
- Instrumentales: representan modos de conducta que se estiman preferibles para alcanzar y que pueden ser tanto de naturaleza personal, cuando están orientados hacia un comportamiento autorreforzante, como intrapersonal, cuando se conforman como valores de competencia.

Se quiere con ello significar que los valores morales son aquellos que guían al individuo a comportarse de una manera honesta y responsable y solo se refieren a ciertos valores instrumentales, mientras que los valores de competencia o suficiencia guían al individuo a comportarse en forma lógica, inteligente e imaginativa, creando así la disposición de un comportamiento competente, es por esta razón que son intrapersonales.

Así pues, tanto los valores instrumentales como los terminales representan dos sistemas en continua relación, de modo que los valores que tengan que ver con modos de conducta son instrumentales para el logro de estados finales, sin embargo, no implica ello una correspondencia directa de uno con otro.

7. Significación de Schwartz (1992):

El modelo de Schwartz es el progreso más reciente en el estudio de los valores, pues constituye una estructura del sistema de valores que permite establecer relación con las conductas. Con este modelo se propone utilizar un conjunto comprensivo de tipos de valores motivacionales que han sido probados transculturalmente.

Según el modelo de Schwartz, cada tipo de valor es representado por varios valores combinados para formar índices fiables de prioridades valorativas, conceptualizando el conjunto de tipos motivacionales en un sistema integrado y que, lo más importante para efectos de este estudio, permite relacionar de forma organizada y coherente las prioridades de valores a otras variables.

En su teoría, Schwartz (citado por Komblit, 1994) sostiene que la estructura de valores se refiere a las relaciones de conflicto y compatibilidad entre los valores encontrados en todas las culturas estudiadas, no a su importancia relativa para un grupo o un individuo. Así mismo, construye su mapa conceptual acerca de los valores, enfatizando que ellos:

- Son conceptos o creencias.
- Pertenecen a estados finales de conductas deseables.
- Trascienden situaciones específicas.
- Guían la selección o la evaluación de la conducta.
- Están ordenados por su importancia relativa para un individuo o una cultura.

- La identificación de aspectos universales del contenido de los valores y de su estructura hace posible investigar aspectos culturales específicos.

Además, el modelo de Schwartz establece diferencia entre el concepto de estructura de valores, que apunta a las relaciones de conflicto y compatibilidad entre ellos, y el de prioridades o jerarquías valorativas, que se refiere a la importancia relativa que los individuos y los grupos confieren a determinados valores.

Por otra parte, la teoría de Schwartz supone que los valores prevalecientes en una sociedad pueden ser inferidos a partir de los valores de los individuos. En su estado actual, el modelo propone una categorización de siete tipos motivacionales para el estudio a nivel organizacional.

Clasificación de los valores según Schwartz (1999):

La clasificación que se presenta se basa en los tipos motivacionales presentados por Martínez y otros (1999) y Komblit (1984):

- Trascendencia: consiste en la superación de los intereses egoístas a favor del compromiso voluntario en la promoción del bienestar de otros. Los tipos dentro de esta categoría son:
- Benevolencia: preserva y refuerza el bienestar de las personas cercanas con quien se está en contacto personal frecuente. Expresa una relación de preferencia hacia quien es considerado perteneciente a un mismo grupo social. Se vincula con valores como: ayudar, honestidad, perdonar, leal, responsable. Fomento del bienestar de las personas, es decir, una preocupación por el bienestar de otros que se define más estrecho que universalista.
- Universalismo: integra valores relacionados con la madurez: tolerancia, sabiduría, protección del medio ambiente, y con el bienestar social en general: justicia social, igualdad, un mundo en paz. Sus tipos motivacionales son: aprecio, tolerancia y protección del bienestar de todas las personas y de la naturaleza.

- Promoción personal o jerarquía: se refiere a la asignación jerárquica de roles y recursos fijos. Las personas son vistas como desempeñando roles adscritos, surgidos del consenso social. Se identifica con los tipos:

1. Poder: significa obtener posición y prestigio social, control o dominio sobre personas y recursos, siendo sus valores: poder social, autoridad, riqueza, conservación de la imagen pública, reconocimiento social. Motivación a la que responde: logro de estatus social y prestigio, control y dominio de las otras personas y recursos

2. Logro: se traduce en la obtención del éxito personal como resultado de la demostración de competencia según las normas sociales. Se refleja en los valores de ambicioso, capaz, influyente, inteligente. En esta teoría, tanto los valores de Poder como los de Logro se relacionan con la estima social más general, estos se aplican a las interacciones sociales concretas. Este tipo de valor se refleja en el éxito social mediante la demostración de competencia.

La competencia se evalúa en términos de qué es valor para el sistema o la organización en los cuales el individuo está situado.

- Conservación o Conservadorismo: está centrado en el mantenimiento del statu quo y de la propiedad y restricción de acciones o inclinaciones de individuos o grupos que puedan alterar el orden tradicional. Está conformado por los tipos motivacionales:

1. Tradición: vinculado con el respetar, comprometerse y aceptar las costumbres e ideas que la cultura tradicional o la religión imponen a la persona, en este tipo los valores se ubican en: respeto por la tradición, devoto, humilde, moderado. La motivación radica en el respeto, aceptación y reproducción de costumbres e ideas tradicionales.

2. Conformidad: las acciones están limitadas con las inclinaciones e impulsos que puedan dañar a otros y violar expectativas o normas sociales; generalmente en las interacciones cotidianas con personas cercanas los

valores asociados son: obediente, autodisciplina, buenos modales. Restricción de acciones, inclinaciones o impulsos que puedan dañar a otros o violar las expectativas sociales.

3. Seguridad: se asocia con conseguir seguridad, armonía y estabilidad en la sociedad y en las relaciones interpersonales, y en la persona se identifica con los valores: seguridad familiar, seguridad nacional, orden social, reciprocidad de favores, sentimientos de pertenencia, salud, estabilidad del orden social de las relaciones y del propio organismo.

- Apertura al cambio: estos valores son en su mayoría compatibles con la visión de una persona como entidad autónoma que constituye la unidad social básica y que voluntariamente se une a otras para formar colectividades. Se define con los tipos motivacionales:

- Autodirección o autonomía intelectual: está relacionado con la independencia en el pensamiento; la toma de decisiones y la acción se reflejan en los valores: creatividad, libertad, eligiendo mis propias metas, curioso e independiente. Pensamiento independiente y elección de la propia acción, por ejemplo, elegir, crear, explorar. Este valor viene de la necesidad del control junto con la necesidad de la autonomía y la independencia.

- Estimulación: donde se hace énfasis en el cambio activo del medio ambiente y en el salir adelante a través de la autoafirmación, mediante el dominio del medio ambiente. Supone cambio del statu quo, está ligado al tipo valorativo jerarquía porque si los esfuerzos de dominio tienen éxito, el rol y la diferenciación son vistos como legítimos; se asocia con tener estimulación, novedad y retos en la vida, se manifiesta en los valores: una vida variada, una vida excitante, atrevido. Este tipo de valor se deriva de la necesidad de la variedad y del estímulo para mantener un nivel óptimo de la activación.

- Hedonismo o Autonomía Afectiva: se basa en la prosecución de experiencias afectivas positivas, con lo que se procura obtener placer y gratificación sensual para la persona. La persona guiada por este tipo de valores de autonomía se relaciona con otros en términos del propio interés y del acuerdo negociado. Los valores que le identifican son: placer, disfrutar la vida, una vida excitante, una vida variada. Placer y gratificación sensorial.

En este contexto, en el modelo se definen relaciones dinámicas entre los tipos de valores presentados en la clasificación. Estas relaciones son de contradicción o compatibilidad en el logro de distintos tipos de valores, de tal manera que los tipos de orden superior están estructurados en dos dimensiones bipolares: Trascendencia (Benevolencia y Universalismo) vs. Promoción Personal (Poder y Logro), y Conservación (Tradición, Conformidad y Seguridad) vs. Apertura al Cambio (Autodirección y Estimulación). El Hedonismo se asocia tanto con la Promoción Personal como con la Apertura al Cambio.

A partir de esta conceptualización de los valores que buscan la consecución de una interacción social coordinada para satisfacer las demandas sociales institucionales en pro del bienestar del grupo, cada valor expresa una motivación que puede llegar a establecer una estructura general, así pues la clasificación de Schwartz se convierte también en una propuesta teórica que establece las diez tipologías descritas.

HABILIDADES DIRECTIVAS

En cualquier organización existen actividades, recursos e individuos que son dirigidos por personas que ocupan determinados puestos dentro de ella, y cuya labor es obviamente la de gerencia. Los individuos gerencian para alcanzar metas específicas con la ayuda de otras personas, mediante la combinación racional de actividades, habilidades y recursos. Los gerentes, secuencialmente, son los responsables de conquistar las metas buscadas por la organización.

Las principales actividades administrativas son: planificar, organizar, dirigir y controlar, de modo que cada proceso se lleve a cabo en una forma que corresponda a la situación concreta del funcionamiento de la organización.

De la misma manera, el gerente, en nuestro caso los directivos de las instituciones educativas a nivel superior del municipio Maracaibo, debido a su interrelación con diversas personas, debe poseer habilidades que le permitan ejercer sus funciones adecuadamente, evitando posiciones que propicien fricciones con el personal. Tales habilidades deben ser: comunicación, liderazgo, creatividad, manejo de equipos de trabajo y administración del tiempo.

COMUNICACIÓN

Las funciones administrativas son actividades que todo director debe realizar, no es menos cierto que también necesita poseer características profesionales que las convierten en habilidades, como lo es la comunicación.

Para Robbins y Coultier (2000, p. 617) *"la comunicación comprende la transferencia de significado. Si no se ha transmitido información o ideas, la comunicación no se ha dado"*, así pues la comunicación con el entorno constituye el punto de partida para dar a conocer los objetivos organizacionales y las habilidades que debe realizar el personal para alcanzar tales objetivos, esta comunicación interna conforma la cultura e identidad de la organización.

La comunicación como habilidad del director es fundamental, puesto que a través de ella puede lograr que las personas se identifiquen más con la organización y entiendan y acepten lo que la dirección se propone hacer en áreas que los involucren y debe tener en cuenta las funciones que debe cumplir. Al respecto, Madrigal (2002, p. 17) y Robbins (2002) señalaron que existen cuatro funciones principales de la comunicación: expresión emocional, motivación, de control e informativa.

La comunicación como expresión emocional se utiliza para fortalecer y mantener el sentido de identidad, desarrollar y cumplir relaciones e intercambiar información, así como también permite a sus miembros manifestar sus frustraciones y los sentimientos de satisfacción.

Por otra parte, la comunicación alienta a la motivación, porque les aclara a los empleados qué deben hacer, cómo lo están haciendo y además qué pueden hacer para mejorar un rendimiento hasta ese momento deficiente. También les facilita la toma de decisiones dentro de su área laboral de competencia y el logro de los objetivos.

La comunicación desempeña una labor de control, puesto que se realiza a través de jerarquías de autoridad y canales formales, lo que implica restricciones de los canales y contenidos, es decir, se pide a los empleados que primero comuniquen las quejas laborales a su jefe inmediato y que cumplan con las políticas de la empresa, de ese modo la comunicación controla la conducta de sus miembros.

Por último, la comunicación realiza la función de informar, porque proporciona datos para identificar y evaluar las posibles opciones, permitiendo la toma de decisiones; del mismo modo, proporciona la información que los individuos y grupos necesitan para conocer sus habilidades y fortalezas.

De este modo, el director, cuando lleva a cabo las funciones de comunicar, debe tener en cuenta la habilidad para adaptar diversos tipos en el contexto organizacional, por ello es importante conocer cómo se comunica a nivel de relaciones interpersonales y organizacionales. Así tenemos:

- Comunicación interpersonal: cuando el directivo tiene como objetivo responder y escuchar adecuadamente, compartir información, mantener una comunicación eficaz y, sobre todo, fortalecer las relaciones con su personal.

Esta habilidad es vital para que las instituciones educativas logren las metas y solucionen los conflictos de manera adecuada.

- Comunicación grupal: tiene como base la comunicación interpersonal, en ella participan varias personas, bien sea para resolver problemas, tomar decisiones, lograr las metas del equipo de trabajo y las organizaciones y el fortalecimiento de los grupos.
- Comunicación organizacional: la responsabilidad está en manos de la alta dirección, está definida de acuerdo con el diseño organizacional para identificar los canales de comunicación que faciliten la toma apropiada de decisiones. Para ello es necesario que el director, en este caso, tenga presente que al momento de transferir la información, lo comunicado sea entendido por todo el personal, es decir, que las personas que laboran entiendan lo que se quiere decir; así mismo, debe procurar que la comunicación llegue a todos los niveles y personas, aunque no se encuentren presentes. Para lograrlo, se utilizan circulares o se transmite el mensaje oralmente, apoyándose en los recursos tecnológicos, atendiendo a las líneas consideradas en el diseño organizacional.

Por otra parte, no se debe olvidar que las personas dentro de la organización acepten la comunicación recibida y la incorporen como parte de su actuación. El director puede utilizar su posición dentro de la institución para asegurar la coordinación y el control de la información.

Dentro de este orden de ideas, la habilidad para el manejo de la comunicación se convierte en un valor dentro de las instituciones educativas a nivel superior, puesto que ejerce un papel fundamental en las relaciones con su personal, a través de ella se asignan responsabilidades para involucrarlos, fomentando la participación en los procesos de la organización y sobre todo sirve para la difusión de las metas y cambios que se pretendan realizar.

LIDERAZGO

El liderazgo es otra de las habilidades que todo gerente debe desarrollar para llevar a cabo exitosamente su actividad gerencial. Sobre esto señala Madrigal (2005, p. 8): "*el liderazgo es una cualidad y una habilidad que tienen que ser aprendidas, desarrolladas e integradas a la función de dirección*", es decir, que el liderazgo es uno de los muchos papeles que el director debe desempeñar para conformar equipos de trabajo y transmitir sus valores dentro de la institución.

Por su parte, Koontz (2004, p. 532) expresa que el liderazgo "*es el arte o proceso de influir en las personas para que se esfuercen voluntaria o entusiastamente en el cumplimiento de metas grupales*".

De lo anterior se desprende que el liderazgo se relaciona con la posición asociada a una figura de autoridad, así como es el elemento motivador dentro de la institución, esto conduce, según el autor referido, a que existan componentes del liderazgo bien definidos, entre los cuales está, en primer término, la capacidad para hacer un uso eficaz y responsable del poder que le confiere la gerencia; en segundo lugar, y no menos importante, se trata de la capacidad para comprender las diferentes motivaciones en diferentes momentos y situaciones, tener clara la naturaleza e intensidad de las necesidades humanas y sobre todo emplear estrategias para satisfacerlas; otra capacidad es la de inspirar a los demás, el empleo de sus capacidades en la actividad laboral, y, finalmente, la capacidad para actuar a favor del desarrollo de un clima laboral conducente a satisfacer las motivaciones, tener percepción del esfuerzo que realiza para desarrollar las tareas.

Por ello, cuando los directivos de las instituciones educativas tengan en cuenta la motivación de su personal y de la forma como operan y cuanto más demuestren comprensión en sus actividades, probablemente serán considerados como líderes, dada la disposición a entender sus potencialidades humanas y profesionales; surge así el liderazgo como capacidad, al que Robbins (1999), citado por Madrigal (2005), define como "*la capacidad de influir en un grupo para que se logren las metas*", o sea, sirve de apoyo a las personas para alcanzar las metas organizacionales.

Como se observa, la dirección está ligada al liderazgo en cuanto establece relaciones interpersonales, comunicación, trabajo en equipo, toma de decisiones compartidas, y le confiere características particulares en su actividad gerencial, que influyen tanto en sus características personales y profesionales como en su estilo de liderazgo.

En este contexto, el director debe poseer una serie de características que contribuyan a considerarlo como líder dentro de las instituciones, entre ellas se mencionan:

- Buen comunicador.
- Flexible, adaptable, que rompa con esquemas mentales rígidos, dispuesto a aprender de experiencias ajenas.
- Capaz de analizar los hechos de manera objetiva.
- Responsable de su trabajo, asumiendo compromisos.
- Motivador mediante el diálogo, la acción, la comunicación.
- Capacidad para escuchar quejas y reclamos.
- Confianza en la capacidad creativa del personal.
- Ambicioso, gran necesidad de logro.
- Comprensivo con las características emocionales de los individuos.
- Promueve la colaboración del personal para la consecución de metas organizacionales.
- Debe tener trato o don de gente para ganar el apoyo y simpatía de las personas, al grado de poder ejercer influencia sobre ellas.
- Determinación para tomar decisiones.

- Hacer uso de la disciplina para dar a conocer las reglas y procurar que se respeten y cuidar que las leyes se cumplan y las órdenes se obedezcan.

En esta perspectiva, a juicio de la investigadora, las características de líder que posea un director conducen a considerar estilos de liderazgo, es decir, según sus características y cualidades así será su liderazgo dentro de las organizaciones. Si bien diversos autores, como Robbins, Stoner, Koontz, Chiavenato, han establecido estilos de liderazgo autocrático, democrático, transformacional, carismático, situacional, visionario, entre otros, de acuerdo a los criterios actuales y tendencias futuras se toman como estilos del mismo: liderazgo estructurador, liderazgo entrenador y liderazgo alentador, propuestos por Madrigal (2005), quien los refiere como estilos para el nuevo líder:

- Liderazgo estructurador: se refiere a cuando el líder, en este caso el director, decide primero lo que se va a hacer y luego lo comunica a los demás y lo que espera de ellos, señala cómo, cuándo y quién realizará la actividad. Este estilo se requiere cuando el empleado posee conocimientos o experiencia mínima y requiere habilidades necesarias para el puesto.

Sin embargo, este estilo no es recomendable cuando el personal tiene experiencia, habilidad y motivación para realizar la actividad, ya que implica desperdicio de tiempo, energía y sobre todo poca productividad.

Tampoco es conveniente emplearlo cuando el personal que labora está en una etapa de desarrollo alto en la ejecución de la tarea, pudiendo mostrarse poco colaborador.

- Liderazgo entrenador: se utiliza cuando el personal tiene poca habilidad o experiencia en el área de trabajo. Se establece una relación líder – empleado para cumplir y desarrollar la habilidad y la responsabilidad necesarias para la misma, para ello debe explicar el cómo y cuándo de la tarea.

Este estilo de liderazgo no debe emplearse cuando el personal está altamente calificado para su desempeño, así como tampoco cuando están dispuestos a asumir responsabilidades en la planificación y los resultados.

A pesar de los beneficios que aporta, este estilo de liderazgo no se debe emplear cuando se dispone de poco tiempo y recursos para preparar al personal y también cuando el entrenamiento no considere el estilo de liderazgo preferido y el demandado por la organización.

- Liderazgo alentador: se basa en la confianza y habilidad de las personas para desempeñar determinada tarea de manera adecuada, reconociendo sus logros y dejándolos tomar decisiones asociadas con su actividad. No es recomendable cuando el personal no posee los conocimientos suficientes o la experiencia para llevar a cabo su tarea, ni tampoco cuando el empleado no demuestra deseo de tomar iniciativas ni asumir responsabilidades por sus propias acciones.

Puede decirse que el estilo de liderazgo viene acompañado de habilidades conceptuales, técnicas e interpersonales, estas habilidades, para Bateman y Snell (2001, p. 25) y Madrigal (2005, p. 62), *"son capacidades específicas que resultan del conocimiento, la información, la práctica y la aptitud".*

- Habilidades conceptuales: es la capacidad del directivo de reconocer asuntos complejos, los factores que llevan a resolver los problemas en beneficio de la organización. Es la habilidad para comprender la organización en su conjunto.
- Habilidades técnicas: es la capacidad de realizar una tarea especializada o un proceso determinado; utiliza los recursos y relaciones necesarias para llevar a cabo las tareas específicas, incluye comunicación, liderazgo, creatividad, asertividad, trabajo en equipo, administración del tiempo.
- Habilidades interpersonales: consiste en la capacidad de ser líderes, de motivar y comunicarse eficazmente con los demás, influyen en la función del gerente para trabajar bien con las personas. Estas habilidades incluyen motivación, inteligencia emocional, manejo del estrés, dirección y supervisión,

actitud ante el cambio.

De esta manera, puede decirse que los valores de un directivo están asociados con su estilo de liderazgo, los valores de los directores de las instituciones universitarias a nivel superior se manifiestan en su forma de actuar como líderes, influyendo en los fines que la institución persigue. El directivo logra que sus valores sean tomados por los miembros, causando efectos en la productividad de la organización. Las raíces del liderazgo son sus valores personales.

CREATIVIDAD

Una de las habilidades fundamentales que debe poseer todo directivo, que le permita competir y alcanzar las metas tanto personales como de la organización, es el pensamiento creativo, que incluye la capacidad de pensar en el presente como ser visionario.

Para Hellriegel (1999), citado por Madrigal (2001, p. 59), es "*la facultad de innovar y brindar soluciones novedosas a problemas, lo mismo que de iniciar el cambio y adaptarse a él*".

Por su parte, para Robbins y Coultier (2001, p. 444) "*la creatividad se refiere a la capacidad de combinar ideas de una forma única o hacer asociaciones poco comunes entre ideas*".

De las definiciones anteriores se desprende que el pensamiento creativo está relacionado con las habilidades de pensamiento que debe tener todo directivo para manejar la creatividad, y que se desarrolla bajo las condiciones de un proceso formativo basado en la comunicación.

De acuerdo con lo expuesto por Bateman y Snell (2002, p. 100) para obtener creatividad se deben seguir algunos criterios:

- Dar mérito a los esfuerzos creativos que lo merecen y no criticarlos ni sancionarlos.
- Se debe proporcionar el crecimiento intelectual dándole libertad creativa.
- Explorar ideas diferentes.
- Integración de equipos de trabajo con estilos de pensamiento distintos.

Estos criterios para el desarrollo de la creatividad conducen a considerar tres tipos, según lo sustentado por Robbins y Coultier (2001, p. 209): el primero es hacer o crear algo de la nada; otro tipo es combinar mediante la relación de dos o más áreas no correlacionadas anteriormente y, finalmente, el último tipo de creatividad es modificar algo ya existente, esto supone crear algo diferente, encontrar un medio para conseguirlo.

De acuerdo con la teoría presentada por Madrigal (2001), el pensamiento creativo se aplica mediante una serie de fases, como se presenta a continuación:

- Orientación: define el problema e identifica los factores importantes.
- Preparación: partiendo del conocimiento de lo que ya existe, incluyendo todas las causas que lo originan, se evalúan las situaciones y circunstancias, y se interpretan o analizan.
- Incubación: se deja el problema a un lado para aportar el razonamiento crítico y se dé paso al trabajo libre del inconsciente.
- Iluminación: se encuentra la respuesta correcta al problema.
- Verificación: se evalúa la solución obtenida, de no ser la más acertada se regresa a la fase de incubación.
- Comunicación y difusión: dar a conocer.

Características de las personas creativas:

Las personas creativas, a juicio de Coon (1999), citado por Madrigal (2002), poseen ciertas características:

- Por lo general tienen un rango de conocimientos e intereses mayor al promedio de las personas y pueden combinar ideas de varias fuentes con más fluidez.

- Se muestran abiertas a experiencias nuevas, aceptan pensamientos irracionales y son desinhibidos en relación con sus sentimientos.
- Su interés está más en la verdad, la forma y la belleza que en el reconocimiento o el éxito.
- Son poco convencionales y conformistas en su trabajo.

DIRECCIÓN Y CREATIVIDAD

El director de cualquier organización expresa su creatividad de maneras diferentes en su actividad gerencial, como son:

1. Habilidades de pensamiento:

- Toma decisiones flexibles.
- Emplea categorías amplias.
- Hace juicios independientes.
- Utiliza imágenes mentales.
- Puede afrontar la novedad.
- Piensa lógicamente.
- Rompe esquemas mentales.
- Dentro del caos encuentra orden.

2. Estilo de pensamiento:

- Busca la novedad y las brechas en el conocimiento.
- Extrae ideas nuevas del conocimiento existente.
- Prefiere la comunicación no verbal.
- Encuentra la belleza en las soluciones elegantes.

3. Características de su personalidad:

- Se muestra dispuesto a tomar riesgos intelectuales.

- Persiste en la solución de problemas.
- Está abierto a experiencias nuevas.
- Busca competencia y desafíos.
- Tolera la ambigüedad.
- Valora la creatividad y la originalidad.
- Es intuitivo.

Ahora bien, la persona creativa encuentra dentro de las organizaciones factores que la debilitan, como:

1. Individuales:

- Los estereotipos.
- La rutina.
- El miedo a lo desconocido, que se traduce en resistencia al riesgo.
- El miedo a la frustración y a cometer errores.
- La dependencia de los otros.
- Obsesión por el poder.
- El exceso de trabajo.
- La administración inadecuada del tiempo.

2. Organizacionales:

- La vigilancia, la observación constante cuando las personas están trabajando disminuye el impulso creativo.
- El uso excesivo de recompensas lleva a la disminución de la actividad creativa.
- La competencia impide el progreso de su ritmo creativo.
- El exceso de control provoca la sensación de que cualquier originalidad es un error y cualquier exploración es una pérdida de tiempo.
- Ausencia de identificación con la organización.
- Ausencia de verdaderos equipos de trabajo.
- Autoritarismo.

Los directivos, cualquiera que sea la índole de la organización, deben crear un ambiente de confianza y libertad que permita al personal aportar ideas y hacer críticas cuando estas no resultan agradables, el ambiente creativo requiere el entusiasmo y compromiso de la persona, comportamiento y valores y debe entonces fomentar la creatividad, a través de:

- Reducción de los niveles jerárquicos de la empresa, de manera que el personal asuma mayor responsabilidad y esté mejor informado.
- Que exista congruencia en el decir y actuar del directivo, escuchar realmente al personal.
- Enriquecer el trabajo mediante el desarrollo individual, profesional y social.
- Crear un ambiente que promueva las relaciones interpersonales y que sea agradable psíquica y sensorialmente.
- Fortalecer los equipos de trabajo, valorando la diversidad y armonía.
- Dar libertad a los empleados de correr riesgos.

EQUIPOS DE TRABAJO

Las organizaciones se componen de un grupo de personas ubicadas en un puesto de trabajo donde deben realizar las actividades asignadas para lograr las metas, interactuando entre sí, con los directivos y con el personal bajo su mando. Todo directivo no puede lograr tales metas si no lo hace acompañado por otros a quienes delega responsabilidad y que propicien la solución de problemas, entonces surgen los equipos de trabajo y constituyen así una de las habilidades que deben emplear quienes ocupan posición de dirigir.

Diversos autores definen qué es un equipo de trabajo; para Robbins y Coultier (2001, p. 505) son *"grupos formales integrados por individuos interdependientes responsables de alcanzar una meta".*

Para Koontz y Wheirich (2004, p. 581) es *"un número reducido de personas con habilidades complementarias comprometidas con un propósito común, una serie de metas de desempeño y un método de trabajo del cual todas ellas son mutuamente responsables".*

De este modo, ambas definiciones coinciden en que son personas y realizan actividades complementarias para lograr los objetivos organizacionales, es decir, que poseen estas características:

- Está conformado por personas, es decir, se revaloriza el factor humano.
- Cumplen tareas, las personas se unen, se complementan para realizar la actividad y para llevarla a cabo las personas deben reunir dos requisitos: la especialización, referida a los conocimientos, experiencias profesionales, la actualización permanente en la realización de las actividades, y la co–especialización en equipo, que tiene que ver con la disposición a poner el conocimiento y experiencia a disposición de los otros y estar abiertos a recibir y enriquecerse con las actitudes, conocimientos y experiencias de los otros.
- Del equipo depende la productividad y se hace responsable de su funcionamiento y creatividad, lo cual significa poner a prueba sus conocimientos y experiencias previas para lograr mejores resultados.

Los equipos de trabajo, como habilidad directiva, se emplean para:

- Crear espíritu de grupo, los miembros exigen mucho de cada uno de los integrantes, también facilitan la cooperación y mejoran el clima laboral del personal. Las normas del equipo fomentan la excelencia del personal y al mismo tiempo incrementan la satisfacción en su actividad.
- Permitir que la gerencia piense en términos estratégicos, liberando a los directores de la supervisión continua para que puedan realizar más planificación estratégica. Al emplear equipos de trabajo el director dirige su atención hacia problemas mayores, como los planes a largo plazo.
- Acelerar las decisiones, al darle participación, permitiendo a la organización una mayor flexibilidad para decisiones más rápidas en cuanto a la solución de

problemas.

- Incrementar el desempeño, estimulando la generación de ideas para mejora de la organización, así mismo elevar el nivel de desempeño más allá del que podría alcanzarse por los mismos individuos trabajando solos.

Cabe destacar que la participación en equipos de trabajo significa mayor involucramiento mental y emocional de los individuos en las situaciones que contribuyen al cumplimiento de las metas y en la responsabilidad compartida, es decir, conceder a las personas la obligación de desempeñar actividades asignadas cuando se delega el trabajo en las personas que conforman equipos de trabajo, esta responsabilidad queda en términos operativos, no abarca la responsabilidad final.

La responsabilidad compartida supone el control delegado e información accesible de manera discreta y el enriquecimiento de la tarea, la formulación compartida de objetivos, valores y cultura, también favorece la interdependencia a través de la interacción de departamentos sin la necesaria intervención de los máximos responsables, así pues, establece un medio en el cual todos los miembros del equipo se sientan tan responsables como el director por la eficiencia de la unidad de trabajo.

Otro aspecto que deben considerar los directivos dentro de la conformación de los equipos de trabajo es el manejo de conflictos, estos pueden generarse, de acuerdo con Madrigal (2002), por los siguientes aspectos:

a. La comunicación. Las personas captan de diferente manera el mismo mensaje y también cuando la información es incompleta por problemas de semántica.

También ocurre por intercambio insuficiente al dar a conocer de manera vaga los objetivos de la empresa, así mismo, puede darse el exceso de comunicación, originando contradicción y confusión.

b. La estructura organizativa. Hace referencia al grado de especialización de las tareas asignadas a los miembros del equipo, estilos de liderazgo, sistemas de recompensa y grado de dependencia entre los grupos.

c. Por diferencias culturales, subjetividad de la percepción, diferencia de carácter, separatismo, intimidad excesiva.

Una vez surgido el conflicto, el directivo debe emplear estrategias y técnicas para manejarlos; según el autor referido anteriormente, entre las estrategias se encuentran:

- Saber escuchar, entender al otro en vez de defenderse de él.
- Enfrentar el conflicto, antes que evitarlo.
- Fomentar una actitud mental emotiva de ganar-ganar en lugar de ganar–perder.
- Combinar la disposición a la tolerancia con la asertividad.
- Encauzar la agresividad, evitando los dos extremos de reprimir y explotar.

Entre las técnicas para manejar los conflictos se presentan:

- Analizar el problema reconociendo las actitudes que generan el conflicto, ubicando las alternativas de acción.
- Desarrollar las habilidades de negociación.
- Recurrir a la mediación y el arbitraje en caso necesario.
- Cuando sea necesario ejercer resistencia pasiva, pero sin brusquedad destructiva.
- Practicar la relajación para mantener el control de las emociones.

Conviene destacar que en las instituciones educativas universitarias se trabaja con personas diferentes, en diferentes niveles jerárquicos e incluso en el mismo nivel pero en diferentes circunstancias, con necesidades personales, filosofía de la vida, características de personalidad que difieren pero tienen el reto de alcanzar objetivos, metas comunes, por ello es imposible que no existan conflictos. Resulta claro que queda por parte del director el manejo de la habilidad para solucionarlos y que sirvan de experiencia de aprendizaje que conduzca al cambio y mejore la comunicación en el equipo de trabajo y en la institución en general. Sin embargo, no se puede dejar de lado que el manejo de tales situaciones está íntimamente relacionado con la estructura de valores que posea el director.

ADMINISTRACIÓN DEL TIEMPO

Robbins y Coultier (2001, p. 318) expresan que "*la administración del tiempo es una forma personal de programar el tiempo de manera efectiva*".

Madrigal (2002, p. 111) señala que la administración del tiempo "*es el arte de hacer que el tiempo sirva para beneficio de las personas y de las sociedades, ya que el tiempo no existe en sí*", puede decirse según lo referido por los autores que la administración del tiempo es algo personal, depende de cada persona y sobre todo del valor que le asigne.

Sin embargo, Robbins y Coultier (2001) señalan que existen principios básicos para administrar el tiempo, donde todo director debe tener la habilidad para manejarlo adecuadamente;

- Realizar una lista de los objetivos que debe alcanzar.
- Establecer la importancia de cada objetivo, ya que no todos son de igual importancia. Se debe priorizar.
- Planificar las actividades necesarias para alcanzar los objetivos.
- Hacer énfasis tanto en la importancia como en la urgencia. Si la actividad no es importante se debe delegar en el personal, si no es urgente puede esperar.
- Establecer prioridades para las actividades teniendo en cuenta su importancia y la urgencia.

Por su parte, Madrigal (2002) considera que existen cuatro opciones para que un directivo maneje el tiempo:

En primer lugar, está lo Importante – Urgente, se aplica aquello de "esto tiene que hacerse sí o sí", es decir, decidir en forma inmediata, darle prioridad a la realización de una tarea.

Otra de las opciones es No importante – Urgente, se refiere a las acciones que no puede delegar a otro, y que otro estaría en condiciones de hacer. Se manifiesta en reuniones, llamadas, interrupciones innecesarias.

En cuanto a la tercera opción se refiere a Importante – No urgente, son las tareas que el gerente lleva a cabo, como planificación, realizar presupuestos pero con el criterio de que puede esperar hasta acercarse la fecha límite, es decir, para último momento.

La opción No importante – No urgente sucede cuando se dedica mucho tiempo a una tarea y deja de dedicarse a otras que sí lo ameritan, esto se refiere a la atención de visitas personales, llamadas telefónicas triviales, originando así contrariedades.

Los directores educativos muchas veces no escapan de esta situación, ya que se trata más bien de pautas de conductas anteriores, manifestadas en la forma en que organiza y distribuye su tiempo.

Problemas para la administración del tiempo: los directivos manejan el tiempo en forma inapropiada por diversas razones:

- El tiempo estimado para realizar una tarea es irreal.
- Actividades laborales mal planeadas.
- No saben decir no a las distracciones externas.
- Conceden prioridad a cosas de segunda importancia dejando lo urgente para después.
- Establecimiento de metas por encima de la capacidad para cumplirlas.
- No se realiza un orden en los objetivos a seguir.
- La falta de planificación del tiempo limita las posibilidades de generar alternativas de soluciones factibles.

Robbins y Coultier (2001) señalan que al momento de administrar el tiempo el gerente puede tomar en cuenta algunos principios como:

- Conocer su ciclo de productividad, para programar su trabajo y poder incrementar su efectividad, atendiendo los problemas más urgentes durante su ciclo alto de energía.
- Programar el tiempo de tal manera que no se conceda exceso en una tarea, es probable que trabaje a un ritmo que utilice el tiempo total asignado.
- Establecer un período de tiempo cada día para hacer llamadas telefónicas o recibir visitas, para evitar interferencias en períodos de alta productividad.
- Mantener al mínimo las interrupciones, limitando el acceso a su área de trabajo.
- No perder tiempo en reuniones mal administradas, evitando extenderse mucho, para ello se debe preparar una agenda.

Por su parte, Madrigal (2002) señala que existen diversos enfoques para que un directivo administre el tiempo, como son: enfoque organícese y enfoque 101.

El enfoque organícese (orden) está basado en un sistema de organización en tres ámbitos:

- Organización de las cosas, es decir, ordenar todo.
- Organización de las tareas: establecer el orden y la secuencia de los asuntos pendientes.
- Organización de las personas: delegando, especificando lo que se debe hacer, crear sistemas de seguimiento para mantenerse al tanto de lo que está sucediendo.

Este enfoque tiene como ventaja el ahorro de tiempo, se economiza esfuerzo. La organización aporta claridad mental y orden, sin embargo, también tiene sus desventajas: se dedica mucho tiempo a organizar pudiéndose emplear para producir. El exceso de organización conduce a preocuparse por pequeñeces, ser inflexibles y mecánicos.

- Enfoque 101 (habilidades): se deben dominar ciertas actividades básicas, como fijarse metas, delegar, organizar, priorizar. La falta de habilidades puede tener efectos negativos en la organización.

Entre sus ventajas está que se logran mejoras en las habilidades laborales valoradas por la organización, y su desventaja reside en la capacitación del personal para el manejo de dichas habilidades en cuanto a su aplicación de manera correcta.

VALORES Y LAS ORGANIZACIONES

En la dinámica organizacional los valores se expresan, para Chiavenato (2001), en la imagen que se proyecta, resulta fundamental que en este momento de cambios sociales, tecnológicos, políticos, económicos, se establezcan unos valores que guíen una cultura corporativa, la cual individualmente depende de la capacidad de las organizaciones para la construcción de nuevos valores, esto implica capacidad y voluntad para comprender y trabajar con las fuerzas del personal que lo rodea, no es suficiente que el director tenga una buena idea y la determinación de verla realizada, sino que es necesario que la manifestación de esa idea en acción sea el objetivo de todo, para ello los valores de la organización tienen como finalidad generar un compromiso compartido dentro de la cultura organizacional.

Dentro de las empresas, y muy especialmente los directivos, no se tiene claro que los valores inciden en el desempeño corporativo, que sólo sirven para mostrar de vez en cuando al personal para hacerlos sentir un poquito mejor, sin embargo, deben considerar que son la convicción que tienen los miembros de una organización en cuanto a preferir cierto estado de cosas por encima de otras, como la honestidad, la confianza, la calidad.

A juicio de Robbins (2000), Bateman y Snell (2001), los valores organizacionales compartidos afectan el desempeño en tres aspectos claves: promueven una base estable sobre la cual se toman las decisiones y se ejecutan las acciones, forman parte integral de la proporción de valor de una organización y motivan al personal para dar el máximo esfuerzo por el bienestar de la organización.

Ahora bien, cuando los valores están alineados con el desempeño, las personas que laboran en una organización presentan actitudes como:

- Compromiso con el logro de la calidad.
- Sentido de pertinencia y responsabilidad en sus acciones.
- Saben que su opinión es escuchada.
- Observan una conexión directa entre su labor y los objetivos de la misma.

Estas actitudes y el hecho de compartir los mismos valores hacen que se presenten los siguientes beneficios: moral alta, confianza, colaboración.

DIRECCIÓN POR VALORES

Las empresas deben ser gerenciadas mediante técnicas diferentes acordes con los cambios que se suscitan; por ello, una dirección basada en valores dentro de una cultura empresarial sirve para propulsar cambios trascendentes. Al respecto, García y Dolan (1997, p. 4) señalan que el nuevo gerente debe dirigir las organizaciones en función de valores, para tal efecto estos autores indican que la dirección por valores debe verse en función de dos componentes:

1. La dirección por valores es una nueva herramienta de liderazgo estratégico, que pretende introducir la dimensión de la persona humana dentro del pensamiento directivo, no solamente en el plano de la teoría sino en la práctica diaria.
2. La dirección por valores se basa en valores: el verdadero liderazgo es, en el

fondo, un diálogo sobre valores. Dar forma humanizada al propósito estratégico de la empresa, que es, sobrevivir obteniendo los máximos beneficios económicos.

Sobre este aspecto, García y Dolan (1997, p. 5) expresan que *"los directivos acostumbran a ser profesionales "racionales" que raramente valoran en serio que el sistema de valores de una empresa sea un verdadero activo de la misma, y que por tanto deba ser adecuadamente gestionado"*, es decir, queda en manos de los directivos conformar y desarrollar valores compartidos para promover conductas orientadas al éxito de la organización.

Para estos autores, cuando la función directiva se orienta por los valores tiene como finalidad:

- Absorber la complejidad organizativa derivada de las crecientes necesidades de adaptación a cambios a todos los niveles de la empresa.
- Encauzar la visión estratégica de hacia dónde ha de ir la empresa en el futuro.
- Integrar la dirección estratégica con la política de personas, con el fin de desarrollar el compromiso de rendimiento profesional.

En consecuencia, los valores están en la base de la mayoría de los esfuerzos, incidiendo en ellos el estilo de dirección que asume la organización.

Así mismo, siguiendo con los autores citados, la formación de valores dentro de una empresa depende de muchas variables, entre las cuales están:

- Creencias y valores del fundador: toda empresa surge a partir de una idea y unos principios de acción más o menos implícitos. Los principios del fundador tienden a ir perdiendo presencia a medida que la empresa crece a lo largo del tiempo, sin embargo, muchos los mantienen como fuente de identidad cultural.
- Creencias y valores de la dirección actual: en un momento dado se puede pretender perpetuar o incluso modificar radicalmente las creencias y valores de su fundador.

- Creencias y valores de los empleados: el sistema de recompensas determina la formación de creencias y valores en los empleados.
- Formación e influencia de consultores: el verdadero aprendizaje radica en el desaprendizaje de creencias y la incorporación de otras nuevas, la formación dirigida a directivos a lo más que puede aspirar es a legitimar la puesta en práctica de valores que previamente han sido aprendidos y parcialmente olvidados.
- Normativa legal existente: la legislación laboral y el medio ambiente influyen sobre las creencias y valores de las empresas.
- Las reglas de juego del mercado: el sistema de creencias y valores en una empresa está impuesto por las reglas de juego del mercado.
- Valores sociales de cada momento histórico: los valores sociales predominantes en otra época no son los mismos que los actuales y estos no tienen por qué ser los mismos que los futuros.
- La tradición cultural de cada sociedad: existe una influencia mutua entre los valores sociales y los valores empresariales.
- Los resultados de la empresa: las creencias y valores de la empresa se retroalimentan en función de sus resultados.

Puede afirmarse que los valores asumidos por una institución están en concordancia con el medio ambiente, lo social, lo económico, lo jurídico, de allí pues que le corresponde a la dirección de la misma adaptarse a los cambios, sobre todo tomando en cuenta la naturaleza del ser humano, la personalidad misma del individuo. De igual modo, la estructura de valores que posee el individuo y en particular los valores a los que se designa una mayor o menor importancia juegan un papel determinante en la toma de decisiones, es decir, que hay una estrecha relación en las decisiones gerenciales de los directivos apegado a un modelo de estructura de valores personales.

CLASIFICACIÓN DE LOS VALORES

Dentro de una organización se encuentran diferentes tipos de valores que debe asumir quien ejerza la función directiva; al respecto, García y Dolan (1997), partiendo de los estudios de Rockeach, señalan que no existe necesariamente una correspondencia entre valores finales e instrumentales, considerando los valores instrumentales como comportamientos alternativos mediante los cuales se consiguen los fines deseados (valores terminales) o los valores terminales como estados finales o metas de la vida. Para la consecución de un determinado valor final, puede ser necesario un determinado conjunto de varios valores instrumentales.

Los autores en referencia subdividen los valores finales en dos tipos: personales y ético-sociales:

- Valores personales: aquellos a los que aspira el individuo para sí mismo.
- Valores ético-sociales: constituyen aspiraciones o propósitos que benefician a toda la sociedad, tales como el respeto al medio ambiente o el respeto de los derechos humanos.

De igual forma, los valores instrumentales u operativos se dividen en dos tipos: ético-morales y de competencia.

- Valores ético-morales: se refieren a los modos de la conducta necesarios para alcanzar los valores finales, y no son en sí mismos fines existenciales.
- Valores de competencia: son más individuales y, aunque están socialmente condicionados, no están directamente relacionados con la moralidad ni con la culpabilidad.

Los supuestos anteriores llevan a establecer que toda organización o institución, en este caso las universidades privadas, tienen un conjunto de valores que orientan la gerencia de las mismas.

Desde el punto de vista gerencial, las organizaciones poseen valores tanto individuales como organizacionales. En cuanto a los valores individuales personales, estos caracterizan a sus miembros y se constituyen en la base para los valores de la empresa, los valores de los fundadores de la organización se transmiten progresivamente, a través del proceso de socialización, a las personas que se van formando en función de los valores organizacionales existentes y los van fortaleciendo. La comprensión de los valores personales proporciona una base para entender cómo evolucionan ciertos valores organizacionales, los cuales son considerados como los derechos de la organización.

DIRECCIÓN

A juicio de Chiavenato (2001, p. 285), está "*orientada principalmente hacia el desempeño de las personas, puesto que estos son los recursos que dan vida a los demás recursos empresariales*".

En este orden de ideas, Álvarez De Non y otros (2001, p. 11) señalan que "*en toda organización se dan dos tipos de actividades: las programadas y las directivas. Estas últimas son aquellas que suplen todo lo que les falta a las actividades programadas para que los problemas sean resueltos de hecho*".

Para Koontz y Wheirich (2001) "*la dirección se define como aquella función que tiene por objeto integrar y coordinar los esfuerzos de los miembros de la organización, de tal forma que sean llevadas a cabo las actividades que permiten el logro de los objetivos tanto de la organización como de sus miembros*".

En virtud de lo referido de los dos autores, la dirección engloba planificar, organizar, crear equipos, decidir y coordinar actividades para el cumplimiento de los objetivos organizacionales.

Así mismo, para Koontz y Wheirich (2001) la dirección se jerarquiza en:

- Alta dirección: director general, gerente de la compañía.
- Dirección intermedia: dirección y subdirección de departamentos.
- Dirección operativa: capataces, jefes de taller, jefes de planta.

Si bien existe una jerarquización de la dirección, no basta una adecuada estructura organizativa sino que es precisa la actuación del directivo para brindar apoyo a las personas encargadas de llevar a la práctica los planes dentro de la organización, la cual está definida a la manera de cómo dirigen el comportamiento de las personas y por tanto el punto de vista personal de quien los dirige; la dirección debe saber cómo es el comportamiento de la gente como individuos y cuando están en grupo. La dirección constituye la parte dinámica de la gerencia.

La dirección como parte del proceso administrativo se compone de varios elementos:

- Toma de decisiones: significa la elección de una alternativa. Al tomar decisiones es necesario, antes de evaluar las alternativas, definir y analizar el problema, para posteriormente aplicar la mejor decisión que se sugiera.
- Integración: este proceso se inicia con el reclutamiento del personal para un puesto determinado, en seguida se les ambienta para lograr la integración del personal.
- Motivación: es la labor más importante de la dirección, a la vez la más compleja, pues a través de ella se logra la ejecución del trabajo, de acuerdo a normas o patrones de conducta esperados.
- Comunicación: involucra a los individuos, no sólo en su papel de comunicadores, sino en el buen uso que a la información se le da.
- Supervisión: consiste en vigilar y guiar a los subordinados de tal forma que las actividades se realicen adecuadamente.

Igualmente, quien ejerce la dirección de una organización debe tener los siguientes principios:

- Coordinar intereses de grupo e individuales de quienes participan de los objetivos.
- La autoridad debe ser producto de la necesidad de todo organismo social y no el resultado de intereses personales del administrador.
- Resolver conflictos lo más pronto posible con el menor disgusto de las partes.
- Aprovechar los conflictos para encontrar soluciones.
- El control es imposible si no se han fijado antes los estándares.

En virtud de los principios señalados, la dirección reviste gran importancia, porque lleva a cabo todos los lineamientos establecidos durante la planeación y la organización; así mismo, a través de ella se logran las formas de conducta más deseables en la estructura organizacional; también una dirección eficiente es determinante en la moral de los empleados y consecuentemente en la productividad, a través de ella se busca un mejor ambiente de trabajo para lograr mejores resultados.

Para Álvarez y otros (2001) la dirección se desarrolla en tres áreas de actividad:

- El director como estratega: es aquella persona capaz de aprovechar las oportunidades que se dan en su entorno para hacer negocios, tiende al logro de buenos resultados en el plano de la eficacia de la organización.
- El director como ejecutivo: implica la capacidad para descubrir los talentos y habilidades de las personas a las que dirige. Aprovecha el impulso que suponen las motivaciones internas de esas personas a través de un diseño de tareas que acuda a ese plano de motivación. También tiene percepción tanto de las debilidades como de los aspectos positivos de los seres humanos.
- El director como líder: el liderazgo de un directivo busca que las personas desarrollen todo su potencial y que interioricen la misión de la organización. El líder trata de mantener y hacer crecer la unidad de la organización, por ello se

preocupa del desarrollo del sentido de la responsabilidad en su gente, intenta enseñar a quienes dirige a valorar sus acciones en cuanto estas afectan a otras personas. Son directores educativos.

ESTILOS DE DIRECCIÓN

Para Chiavenato (2001), la gerencia de las empresas está fuertemente marcada por los estilos de los directivos que dirigen el comportamiento de las personas que trabajan en ella. Los estilos de dirección en cualquier organización o empresa dependen de los principios que los directivos establecen respecto del comportamiento humano dentro de la empresa, las estrategias empleadas permiten establecer diversos tipos:

- De imposición: se impone a los grupos una estrategia de valores, esta estrategia se observa en aquellas organizaciones nuevas donde el que dirige ha seleccionado el personal e impone los valores que ha entendido junto a su equipo de dirección.
- Neutral: se expresa en aquellas organizaciones que comienzan y el grado de desarrollo de los valores de los equipos de trabajo aún no es fuerte y la dirección mantiene poco interés en trabajar por valores.
- Aleatorio: los equipos de trabajo conforman como grupo un sistema de creencias y valores ajenos a los intereses de la dirección y su comportamiento es aleatorio porque depende de aquellas creencias y valores que el grupo reconozca como válidos.
- De desarrollo: requiere que la alta dirección de las organizaciones tome conciencia y se formen estructuras de pensamiento de lo que es dirigir por valores.
- Autocrático: se reserva las actividades siguientes:
    - Define objetivos y metas.

- Selecciona las alternativas posibles de acción.
- Evalúa las diferentes alternativas.
- Decide cuál alternativa se llevará a cabo.
- Define funciones y tareas.

- Consultivo: define los objetivos y las metas conjuntamente con sus subordinados haciéndolos participar con sus propias ideas. Entre sus funciones se encuentran:

- Seleccionar las alternativas.
- Evaluarlas.
- Elegir la mejor.
- Hacer la ejecución.
- Controlar.

- Deliberativo: el directivo comparte y hace participativa la definición de objetivos y metas, selecciona las posibles alternativas de acción a seguir de manera personal.

- Resolutivo: amplía la participación de los empleados en conjunto, pero el directivo se reserva para sí la decisión de elegir la alternativa mejor, realizar la ejecución y controlar la acción.

- Democrático: hay participación de los subordinados en conjunto, se definen metas y objetivos, se decide conjuntamente cuál es la alternativa a seguir. En este caso, el directivo se reserva la asignación de tareas y el control.

- Participativo: se reserva el control en función de la responsabilidad y por lo tanto no es delegable. El directivo solo controla.

- Colegiado: todas las funciones se ejercen en conjunto, incluyendo el control, este estilo de dirección se aplica en sociedades de profesionales donde nadie es jefe de nadie.

SEGUNDA PARTE:
UN CASO DE ESTUDIO

Una investigación llevada a cabo en diferentes universidades privadas de la ciudad de Maracaibo, estado Zulia, Venezuela, permitió establecer la correspondencia entre Estructura de Valores de Schwartz y Habilidades Directivas.

La población y muestra objeto de estudio estuvo constituida por el personal directivo conformado por decanos y directores de carreras a nivel de pregrado de las universidades privadas del municipio Maracaibo: Universidad Rafael Urdaneta (URU), Universidad Cecilio Acosta (UNICA), Universidad Rafael Belloso Chacín (URBE), Universidad José Gregorio Hernández (UJGH), la cual se presenta a continuación.

TABLA Nº 1

INSTITUCIÓN	DECANOS	DIRECTORES	
URU	3	12	
UNICA	6	7	
URBE	5	8	
JGH	3	2	
TOTAL	17	29	= 46 Sujetos

FUENTE: Departamento de Recursos Humanos (2006)

Dadas las características y número de sujetos que componen la población no se extrajo ninguna muestra, quedando así representada la investigación.

Las variables se midieron empleando dos instrumentos cuyo proceso de diseño y elaboración se explica a continuación.

Con respecto a la variable Estructura de Valores se empleó el instrumento "Schwartz Value Survey" propuesto por Schwartz, tomado de Montoya (2000) debidamente validado y confiable (ver anexo A).

Así mismo, para la variable Habilidades Directivas la autora diseñó un cuestionario en una escala tipo Likert de cinco alternativas de respuestas constituido inicialmente por 38 ítems, basándose en las teorías de Madrigal (2005), Robbins (2003), Bateman y Snell (2001), el cual fue sometido a la consideración de siete (7) expertos en el área para darle validez de contenido, quienes coincidieron en su totalidad que los ítems son válidos en términos de la congruencia, claridad y tendenciosidad (ver anexo B).

Después de establecida la validez de contenido, se procedió a la aplicación de tal instrumento en su versión preliminar, a manera de prueba piloto, a un grupo de 20 gerentes educativos con características similares a los estudiados, con el fin de evaluar el poder discriminante de los ítems, calcular la confiabilidad y realizar el análisis factorial con el cual se validó el constructo.

Con respecto al poder discriminante y la confiabilidad, todos los ítems tienen poder discriminatorio (alfa si el ítem es eliminado mayor a 0,50) y un coeficiente alpha de Crombach igual a 0,88, considerado alto. El Análisis Factorial permitió reconfigurar la Tabla de Construcción Inicial a partir de la matriz rotada, con lo cual se definió el constructo para las condiciones de estudio

GERENCIA ORGANIZACIONAL

La forma de gestión organizacional orienta los principios a través de los cuales se conducen los miembros de cualquier organización y se traducen en políticas, valores, modos de actuar y filosofía de gestión, entre otras directrices; obviamente, las empresas no escapan de esta realidad dado que su estructura organizativa se asemeja.

Puede decirse que las empresas a lo largo del tiempo han realizado esfuerzos para el mejoramiento cualitativo de la actividad gerencial y el fortalecimiento del quehacer cotidiano en el desempeño de sus funciones basadas en las orientaciones que caracterizan la conducta deseada en el manejo del recurso humano de los diferentes niveles que los conforman.

De hecho, cuando el personal directivo no es capaz de hacer los ajustes adecuados para enfrentar la pérdida de equilibrio organizacional debe buscar un nuevo orden que permita responder eficientemente a los cambios, así como también contribuir a que las personas que se encuentran en funciones gerenciales aumenten su rapidez de respuesta al personal que labora a su cargo, reflejando un mejoramiento continuo en la calidad de su quehacer gerencial.

El personal directivo se enfrenta cada día a nuevos retos en su actividad laboral, sin embargo, cada uno de los gerentes, por su condición humana, posee una estructura de valores y habilidades propias que caracteriza su acción gerencial. La dinámica de desempeño de cada directivo se orienta según sus propios valores sustentados en las normas, creencias, poder, tradición que se tornan relevantes cuando guían el comportamiento. Una de las más claras y evidentes señales de esa necesidad es cuando actúan como orientadores en las tomas de decisiones, momentos de asumir riesgos y estructurar una jerarquía.

En este sentido, los valores pueden jugar un papel importante en lo que respeta a la predisposición de las personas a asumir determinadas acciones, por ser estándares que guían la conducta de la persona o concepciones que reflejan las características básicas de adaptación, a partir de los cuales se fabrican las actitudes, según Schwartz(1992), pudiéndose pensar que en función del tipo de estructura de valores que posea el individuo ejercerá su desempeño gerencial.

Actualmente, esos valores en el campo de la gerencia educativa se han convertido, para expresarlo desde una perspectiva kantiana, en un imperativo categórico del deber ser organizacional y de las habilidades directivas, de modo que los directivos puedan actuar acorde con los cambios que impone el desarrollo de la gerencia, es así como se encuentran presentes en toda la organización. Así lo expresan Siliceo, Casares y González (1999), cuando se refieren a que una cultura organizacional saludable debe tener identificados y socializados los valores de los cuales va a depender el éxito de los directivos.

En consecuencia, las instituciones necesitan llevar a cabo una gerencia tomando en cuenta su filosofía de gestión traducida en valores, los cuales deben ser compartidos por todos los que allí laboran, de manera que el trabajo del personal genere confianza, responsabilidad, seguridad en el desempeño, considerando principalmente los valores como categorías contenidas en la visión y misión de las organizaciones.

Dentro de ese orden de ideas, las universidades privadas del municipio Maracaibo, como cualquier organización, interactúan formando una comunidad donde se insertan directivos, personal administrativo, profesores, empleados y estudiantes, quienes en conjunto se convierten en elementos claves para el desarrollo de valores manifestados en el trabajo diario del ámbito educativo, siendo el principal formador de valores el director de la misma, que a su vez es el primer accionista y/o fundador.

En estas organizaciones, por su carácter piramidal, se observa muchas veces que las políticas organizacionales las dicta la dirección sin la consulta y participación del personal involucrado, los procedimientos son acordados en reuniones con una orientación individualista más que colectiva, donde predominan los fines personales; prevalece el orden jerárquico, la disciplina, el poder de los dueños para tener mayor dominio o control sobre las personas.

Así mismo, se manifiesta la tradición, la posición y el prestigio social en las interacciones personales, expresando relación de preferencia con quien está en contacto personal frecuente, mostrando armonía y comprensión hacia esa personas, mientras que con el resto del personal se observa lo contrario, con quienes se muestran conservadores y respetuosos de la tradición, quienes más que demostrar valores pudieran manifestar una profunda preocupación por mantener el cargo y/o estatus dentro de la institución, coartando la creatividad, el trabajo en equipo y la comunicación.

Sobre la base de lo anteriormente referido, se percibe que dicha Estructura de Valores del personal directivo pudiera influir sobre las Habilidades Directivas, entendidas estas, según lo expresado por Madrigal (2002), como la integración de los aspectos técnicos con el manejo de las relaciones interpersonales, ya que muchas veces obstaculizan el éxito de la actividad gerencial, puesto que se observa en las instituciones educativas debilidades en el proceso de comunicación, concretamente en la transferencia de información al momento de dar instrucciones sobre el trabajo que debe realizar el personal para facilitar la acción coordinada entre sí con el fin de tomar decisiones acertadas, esto se debe quizás a la poca habilidad para manejar información interpersonal y organizacional.

Por otra parte, se percibe que el liderazgo se posee por el predominio del poder más que por el fomento de las relaciones humanas y la creación de un entorno psicológico donde las personas se sientan bien con su trabajo, del mismo modo los directivos de estas instituciones educativas carecen de estrategias para trabajar con grupos de compañeros impidiendo de esta manera la cooperación, originando que las ideas innovadoras se manejen por individuos aislados, el director muchas veces no transfiere a otros algunas funciones ni delega participación para la solución de problemas, resultando claro que el manejo de los conflictos se rige por la posición que él mismo ostenta.

Dentro de este marco, la disposición para tomar riesgos haciendo usos de las habilidades de pensamiento para crear ideas nuevas apenas se asoma dado que cuesta romper con los patrones establecidos para crear nuevas formas de abordar la realidad, generando ideas flexibles y cambiando enfoques. Además, otro de los factores que estarían afectando el desempeño gerencial de los directivos es la administración del tiempo, ya que muchas veces las actividades se realizan bajo presión, dado que están centradas en lo presente y no en lo necesario.

Siendo las cosas así, resulta claro que de continuar la situación descrita todo esto afectaría la cultura organizacional, originaría poca motivación del personal, predominio de un estilo de liderazgo, poco desarrollo del personal de acuerdo a sus potencialidades, se incrementarían conflictos, el trabajo del personal sería rutinario, como también se generaría una resistencia pasiva tanto de los directivos como del resto de la institución, obstaculizando el logro de las metas organizacionales, resultando así que mayoritariamente los directivos universitarios no aplican ciertas habilidades, dándole mayor importancia a la jerarquía dentro de la organización.

ANÁLISIS DE LA ESTRUCTURA DE VALORES

Con la finalidad de analizar la Estructura de Valores prevalecientes en el personal directivo universitario, tomado en consideración en este estudio, en conformidad con la tabla de construcción que permite definir este constructo, se comienza con el análisis de los tipos generales: Apertura al Cambio, Hedonismo, Promoción personal, Conservadurismo, Trascendencia

La Apertura al Cambio está definida a partir de los tipos motivacionales, Autodirección y Estimulación. En el caso que ocupa esta indagación, personal directivo universitario, existe un claro predominio del primero con respecto al segundo.

Con este resultado queda de manifiesto, en lo que respecta a la Apertura al Cambio, que los gerentes universitarios valoran más la independencia en el pensamiento, la toma de decisiones, la acción, creación y exploración que la autoafirmación alcanzada por el dominio del medio ambiente. En consecuencia, para equilibrar este Tipo General es pertinente fortalecer en los gerentes la capacidad de someter y la apertura a tomar decisiones novedosas. En la Gráfica 1, se plasma la diferencia descrita para tales tipos.

Es evidente que los directivos generan proceso de transformación dentro de las organizaciones mediante su desempeño, respondiendo a los nuevos retos del entorno, esto ayuda al mejoramiento continuo y la responsabilidad individual en su trabajo, reafirmando así los valores y la visión de futuro. Así pues, se confirma la teoría propuesta por Schwartz (1992), Koontz y Wheirich (2001) y Madrigal (2005).

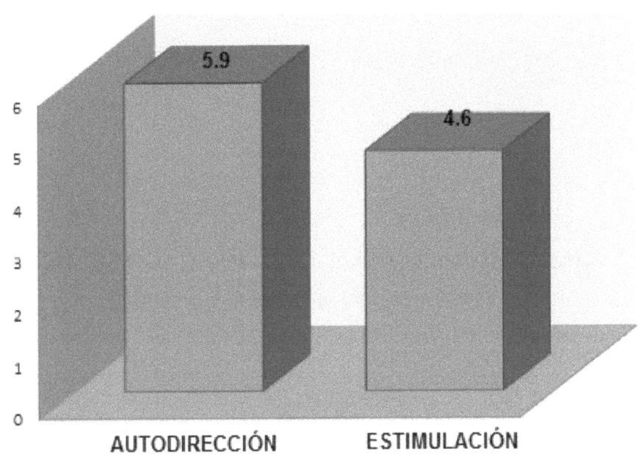

Gráfico 1.- Medias de los tipos motivacionales de la apertura al cambio
Fuente: Pérez y Montoya (2006).

Con respecto a la Promoción Personal:

Los gerentes valoran de manera significativa más al Logro que al Poder (Gráfico 2). Es decir, que procuran la obtención del éxito a través de la demostración de competencias, por encima del dominio sobre personas y recursos. De acuerdo con la teoría formulada por Schwartz (1992), se puede decir que se cumple, dado que el gerente universitario considera el Logro como un valor significativo, por lo que puede afirmarse que al directivo de las instituciones universitarias objeto de estudio le gusta asumir responsabilidades, tiende a imponerse metas a través de las cuales logra satisfacer sus objetivos personales.

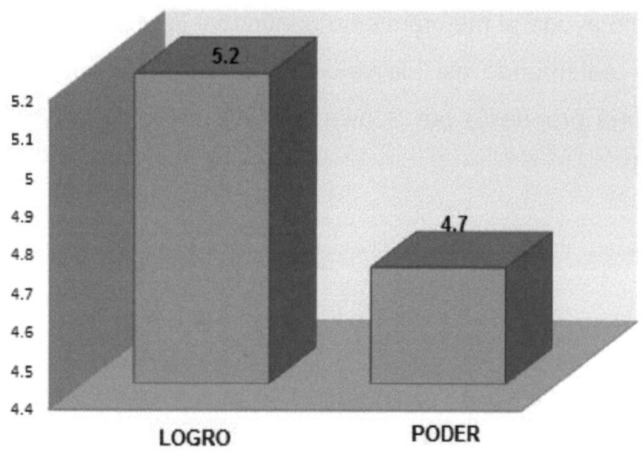

Gráfico 2.- Medias de los tipos motivacionales de la Promoción Personal
Fuente: Pérez y Montoya (2006).

La Gráfica 3 muestra por la diferencias de tonalidades el resultado de aplicar sobre estos datos la Prueba de Múltiples Rangos de Tukey. Allí destaca que la Conformidad es más valorada que la Seguridad y la Tradición, de manera que los gerentes tienden a limitar las acciones, inclinaciones e impulsos que podrían trastornar o dañar a otros y violar expectativas o normas sociales, generalmente en las interacciones cotidianas con personas, asociándose de este modo con los valores: obediente, autodisciplina, buenos modales. Todo esto por encima de la consecución de la seguridad, armonía, estabilidad en la sociedad, en las relaciones interpersonales y el respeto, compromiso y aceptación de las costumbres e ideas que la cultura tradicional o la religión imponen.

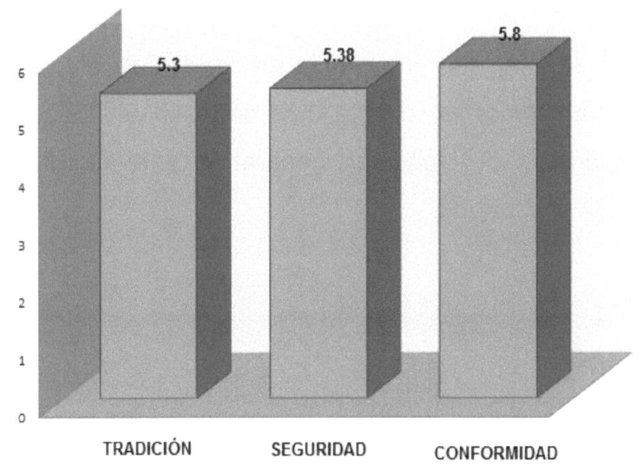

Gráfico 3.- Medias de los tipos motivacionales del Conservadurismo
Fuente: Pérez y Montoya (2006).

La Trascendencia es otro de los Tipos Generales que configuran la Estructura de Valores, la cual a su vez está definida por los tipos motivacionales: Benevolencia, Universalismo y Espiritualidad. En cuanto a la apreciación que sobre los mismos tienen los Gerentes Universitarios, se pone en evidencia que existen suficientes argumentos estadísticos para suponer que existen diferencias entre las medias de las ponderaciones asignadas a estos tipos motivacionales.

La Prueba de Múltiples Rangos de Tukey (Gráfico 4), indica que la Espiritualidad es la menos ponderada, en comparación con la Benevolencia y Universalidad, los cuales, además de alcanzar mayor promedio en la valoración, no se diferencian entre si.

En consecuencia, expresan una relación de preferencia hacia quien es considerado perteneciente a un mismo grupo social (endogrupo) frente al exogrupo, acompañado de una adecuación armoniosa con la naturaleza, ambas por encima de la búsqueda de la interiorización y vinculación con lo espiritual.

Es conveniente señalar que en un entorno donde hay predominio utilitarista los directivos deben tomar en cuenta cuál debe ser su papel espiritual, les queda pues favorecer el bienestar general y satisfacción plena de las expectativas de los empleados.

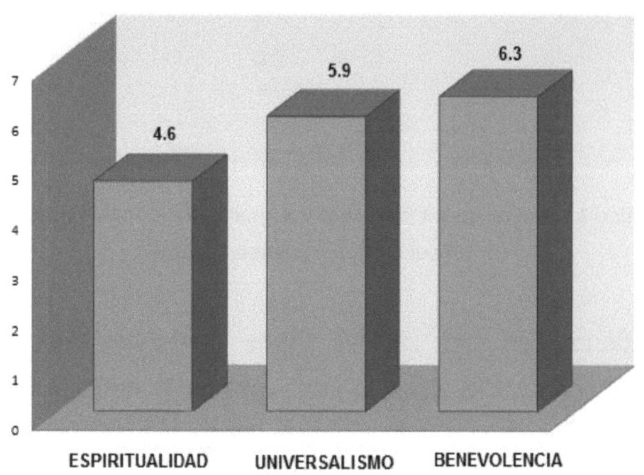

Gráfico 4.- Prueba de medias para los tipos motivacionales de la Trascendencia
Fuente: Pérez y Montoya (2006).

Precisándose las diferencias en el Gráfico 5, donde se pone de manifiesto el desequilibrio en la estructura valorativa, tanto en lo que respecta a los valores individuales (lado izquierdo del gráfico) y los socializantes (lado derecho del gráfico), estando más deprimidos la Espiritualidad, Estimulación y Poder, y en el otro extremo de ponderación el Hedonismo y la Benevolencia.

La contradicción se hace patente cuando con el Hedonismo ponderan en primer lugar el propio interés en función del acuerdo negociado, sin tomar la interdependencia social como algo y también valoran, en primer lugar, el reforzamiento del bienestar de las personas cercanas con quienes están en contacto personal frecuente, lo que pudiera generar un conflicto de intereses y afectar la gestión.

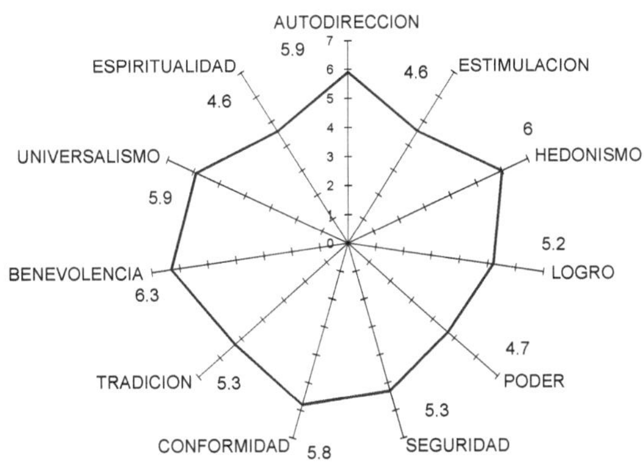

Gráfico 5.- Representación Gráfica de la Estructura de Valores del Personal Directivo Universitario.
Fuente: Pérez y Montoya (2006).

Como consecuencia de la significancia detectada, el Gráfico 6, elaborado con los resultados de la Prueba de Múltiples Rangos de Tukey, expresa con la diferencia de tonalidades cromáticas que la Promoción Personal, con un promedio de 4,92, se diferencia significativamente de la Apertura al Cambio, Conservadurismo y Trascendencia, con promedios de 5,15, 5,59 y 5,76, los cuales no se diferencian significativamente entre si, pero sí lo hacen del anterior y del Hedonismo, el cual es el más valorado, con promedio de 6,02.

En consecuencia, se pone de manifiesto que los directivos infravaloran la legitimidad de la asignación jerárquica de roles en oposición a la mejor ponderación de la prosecución independiente de experiencias afectivas positivas, procurando obtener placer y gratificación, aspecto que llama la atención en gerentes de quienes se espera una alta valoración de la posición jerárquica acompañada de poder y logro.

Se puede afirmar que esto se debe al deseo de destacarse con respecto al resto de los compañeros y sobre todo obtener reconocimientos; sin embargo, puede ser contraproducente al momento en que un directivo, guiado por su afán personal, solo se preocupa por vincularse con personas de su misma jerarquía y descuida el recurso humano en cuanto a su estimulo, satisfacción de necesidades y trabajo en equipo y la confianza en la capacidad creativa del personal, afectando así el ambiente interno y externo y el fortalecimiento de la cultura organizacional. Todo esto se observa en la aplicación del modelo de Schwartz (1992), cuando refiere que el hedonismo permite establecer relaciones para satisfacer su propio interés.

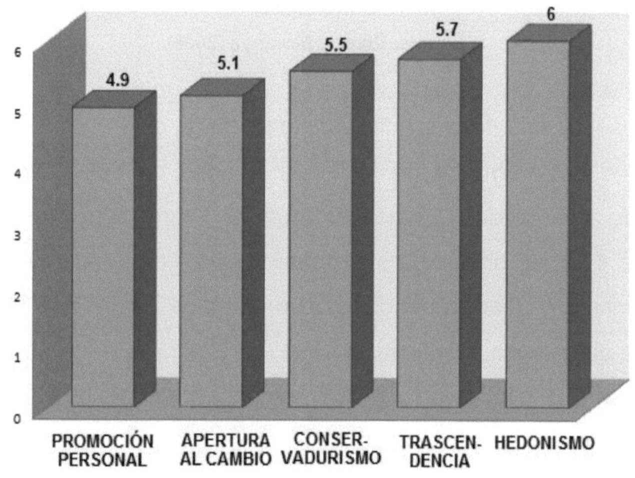

Gráfico 6.- Prueba de medias para los tipos generales de la estructura de valores

Fuente: Pérez y Montoya (2006).

CARACTERIZACIÓN DE LAS HABILIDADES DIRECTIVAS

Luego de cumplido el objetivo relativo a la Estructura de Valores, a continuación se procede a caracterizar las Habilidades Directivas llevadas a cabo por el personal directivo universitario, siendo uno de los primeros aspectos en definirla los Tipos de Comunicación empleados.

A pesar de la no detección de la significancia entre los estilos de liderazgo, se observa en la Gráfica 7 que existe la tendencia a una menor presencia en la habilidad gerencial del liderazgo estructurador y una clara preponderancia del alentador y entrenador. El liderazgo en estas instituciones educativas se ejerce por el poder más que como una habilidad personal, esto se contrapone con lo expresado por Bateman y Snell (2001) y Madrigal (2005), quienes señalan que el estilo del liderazgo viene acompañado tanto de habilidades técnicas como personales.

Ahora bien, la poca significación entre los diferentes estilos de liderazgo obedece a la aceptación de que la dirección no debe ser centralizada, dado el avance de nuevas tendencias gerenciales, como el *emporwement*, entre ellas, el fomento del trabajo en equipo; las ventajas que obtiene un directivo con liderazgo radica en la adecuada administración de sus capacidades, el manejo de su tiempo y la autonomía para tomar decisiones.

Por otra parte, se muestra como factor positivo que los directivos, al no expresar un liderazgo tradicional, autocrático, muestran que son personas dispuestas a romper los esquemas, profesionales con la capacidad para dirigir a otros en todos los niveles, haciendo el mejor uso de los recursos humanos y de sus potencialidades, desarrollándolo para beneficio de las organizaciones.

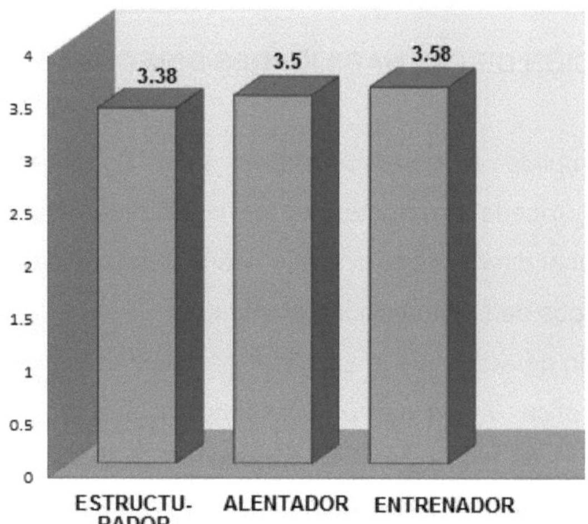

Gráfico 7.- Medias para los tipos de liderazgo
Fuente: Pérez y Montoya (2006).

Del mismo modo, con respecto a la Expresión de Creatividad, se observa en el Gráfico 8 que tendencialmente la Autonomía para la Toma de Decisiones supera a las Habilidades para Fijar Metas. Estos resultados permiten afirmar que dentro de las instituciones educativas nivel superior los directivos promocionan los valores personales, que el personal no está confinado en roles estrechos que impidan el desarrollo continuo.

Al propiciar la autonomía para la toma de decisiones coincide también con el valor Apertura al Cambio contemplado en el modelo estudiado, permitiendo así la delegación al momento de manejar los conflictos y la resolución de los problemas, sin observar el poder que le confiere la estructura organizativa, ya que será contraproducente en cuanto al manejo de habilidades del liderazgo y la comunicación; cabe acotar que la autonomía ponderada obedece, entre otras cosas, a que el directivo no dispone del tiempo para atender todos los asuntos y se debe también a la interdisciplinariedad del trabajo en equipo.

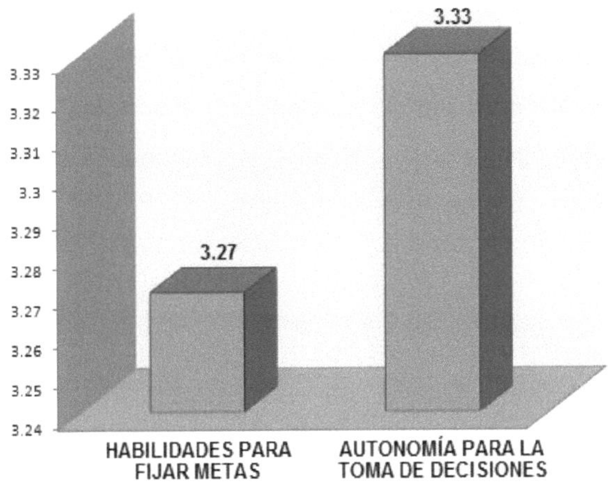

Gráfico 8.- Medias para la Expresión de Creatividad

Fuente: Pérez y Montoya (2006).

En el Gráfico 9 se observa que en este sentido el empleo de recompensas (3,83) supera a la promoción para la toma de decisiones compartidas (3,63), es decir, que los gerentes universitarios incorporan más elementos motivadores positivos, porque cuando la cooperación se recompensa y se menciona de manera positiva el personal tiende a responder con más entusiasmo y esfuerzo; así mismo, el reconocimiento fomenta el desarrollo de habilidades a través de las cuales las personas e instituciones pueden lograr niveles más altos de desempeño, esta búsqueda de crecimiento profesional también obedece al valor que se le otorga al logro como motivación para mejorar.

Por otra parte, la formación de Equipos de Trabajo estimula la creatividad que junto al sistema de recompensas positivas fomenta un ambiente adecuado y se fortalece la cultura organizacional dentro de las instituciones educativas, mediante un clima de trabajo armónico; las diferentes formas de reconocimiento eliminan cualquier factor que atente contra la armonía del entorno interno.

Entre las tendencias gerenciales que actualmente se promueven, cobra significancia la formación de equipos de trabajo como una estrategia que permite a los directivos un trabajo cónsono con las metas institucionales y el fortalecimiento de la cultura organizacional, el ambiente de trabajo y sobre todo la delegación como un elemento de la dirección

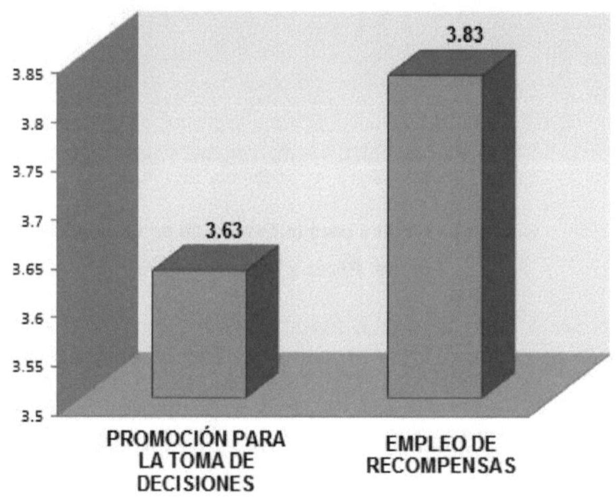

Gráfico 9.- Medias de los indicadores de la capacidad para formar equipos de trabajo. Fuente: Pérez y Montoya (2006).

Para obtener una visión comparativa de los elementos estructuradores a nivel dimensional de las Habilidades Directivas en el Gráfico 10 se pone de manifiesto que la creatividad (3,29) es la habilidad que muestra menos ponderación, diferenciándose significativamente del liderazgo y administración del tiempo, los cuales, con promedios de 3,49 y 3,58, se diferencian significativamente de la Comunicación y Equipos de Trabajo ponderados en primer lugar con promedios de 3,7 y 3,72, respectivamente.

Siendo la Creatividad la habilidad directiva con mayor debilidad puede ocasionar rigidez para la incorporación de una nueva visión gerencial, impidiendo así aprovechar el potencial de que se dispone para el desarrollo de la creatividad, en especial para adoptar las decisiones que se tienen que tomar en la cotidianidad de su gestión. No se debe olvidar que la misma permite a los directivos universitarios un mejor análisis para la toma de decisiones y la búsqueda de alternativas adecuadas.

Así mismo, los resultados obtenidos se contraponen a la teoría expresada por Koontz y Wherich (2002), cuando señalaron que la creatividad permite la búsqueda de alternativas y oportunidades acordes con la situación presentada.

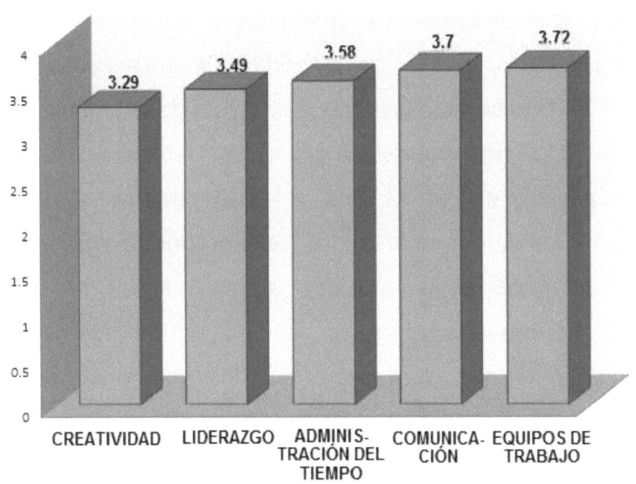

Gráfico 10.- Prueba de medias para los tipos generales de la estructura de valores.

Fuente: Pérez y Montoya (2006).

CORRESPONDENCIA ENTRE LA ESTRUCTURA DE VALORES Y LAS HABILIDADES DIRECTIVAS DEL PERSONAL UNIVERSITARIO

Para poder explicar las Habilidades Directivas en función de los Tipos Generales, concebidos estos como ductores de la acción, se clasificaron en niveles: altos, aquellos individuos por encima del percentil 75; medios, entre el percentil 25 y 75; y bajos, por debajo del percentil 25. Con la finalidad de determinar la correspondencia entre la Estructura de Valores y las Habilidades Directivas, se aplicó el Análisis de Correspondencia (ANACOR).

En este tipo de análisis, una diagonal punteada se hace pasar por el punto que refiere al nivel Habilidad Directiva (Alto, Medio y Bajo, según sea el caso) y el punto de cruce de las coordenadas que pasan por el punto cero. La correspondencia es inversamente proporcional a la distancia entre la línea punteada que pasa por el Nivel de Habilidad Directiva escogido y el punto correspondiente al nivel de Tipo General (Estructura de valores).

Con respecto a la correspondencia entre las Habilidades Directivas y la Apertura al Cambio, en la Gráfica 11 se observa que existe clara correspondencia (Distancia menor) entre los Individuos Altos en Habilidades Gerenciales y la Altos de valoración de la Apertura al Cambio. Igual comportamiento se muestra para los medios. En cuanto a los bajos la correspondencia no es tan clara como con los anteriores, puesto que las distancias no son tan definidas con los bajos, medios y altos en Apertura al Cambio.

De estos resultados se desprende que claramente existe correspondencia entre los niveles altos y medios de Apertura al Cambio y Habilidad Directiva, es decir, que la visión del gerente como entidad autónoma y que voluntariamente se une a otros con valores tales como creatividad, libertad, propias metas, curioso, independiente, vida variada, una vida excitante, atrevido, se corresponden con altas Habilidades Directivas. En otras palabras, los altos niveles de una se corresponden con altos niveles de la otra.

Sucede pues que los resultados coinciden con la teoría de Schwartz (1992) y Madrigal (2005), dado que los valores motivacionales, como la autodirección, prevalecen en la gerencia del sector universitario privado; esto implica que el director se muestra abierto a las tendencias gerenciales, lo cual deja campo para la incorporación de estrategias de calidad de gestión, conocimiento de la situación del entorno, tanto interno como externo, y sobre todo las necesidades del recurso humano, tendiendo así a una cultura organizacional flexible.

Por otra parte, los resultados obtenidos confirman la teoría propuesta por Hernando (1995) en cuanto al considerar los valores como mejorables y que nunca se agotan. Así mismo, se evidencia que los directivos de las instituciones estudiadas, aunque no sean los propietarios de las mismas, reconocen la necesidad de cambio, de crear una nueva visión que se lleva a cabo a través de la formación continua, planificando e implicando a su personal, sintiéndose este motivado para alcanzar un mejor desempeño en su actividad gerencial, es decir, se está hablando del gerente del siglo XXI que entiende que su trabajo no está solo regido por esquemas preconcebidos sino también por la independencia de pensamientos en la creación, innovación y adaptación a enfoques diferentes.

Con respecto a las Habilidades Directivas, en cuanto a la creatividad, los directivos universitarios están en correspondencia con los valores que propician la apertura al cambio, coincide esto también con los autores Chiavenato, Robbins, Bateman y Snell, cuando se refieren al valor alineado al desempeño que hace que los directivos se sientan comprometidos con el logro de la calidad y responsabilidad de sus acciones.

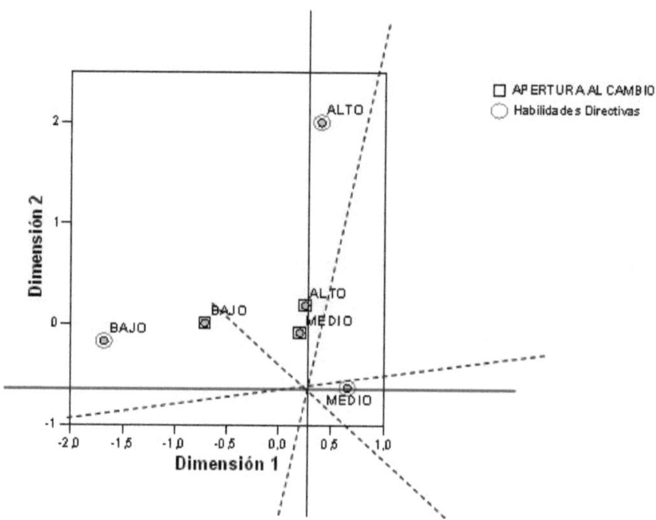

Gráfico 11.- Correspondencia entre el nivel de las Habilidades Directivas y la Apertura al Cambio

Fuente: Pérez y Montoya (2006).

La correspondencia entre el nivel de Habilidad Gerencial y el de Hedonismo se plasma en el Gráfico 12, donde se observa que los valores altos de uno se corresponden con valores bajos del otro, lo que es equivalente a decir que a mayor valoración del Hedonismo (caracterizado entre otras cosas por constituir una autonomía vinculada con el propio interés, con el acuerdo negociado y que no toma la interdependencia social como algo dado), menor es la Habilidad Gerencial.

En el caso de esta investigación, se presenta como una limitación, dado que el hedonismo es altamente valorado por los gerentes estudiados, lo que pudiera significar la posibilidad de intervención en este sentido, lo que constituiría un propósito para futuras investigaciones.

Es evidente que esto podría desencadenar en las instituciones estudiadas tareas rutinarias, pocas expectativas de progreso, una dirección desacertada orientada más al utilitarismo económico, como también poca participación en la toma de decisiones, impidiendo así características positivas, como un estilo de dirección apropiado, adecuada organización del trabajo, y un clima organizacional y psicológico favorable.

Cabe señalar que este predominio del hedonismo como valor en el personal directivo estaría influenciado por la supremacía de la ambición personal sobre el bien colectivo, la presencia de una cultura social tendiente al individualismo, el éxito personal obtenido por su influencia social y refuerzos de valores egoístas.

En este contexto, la teoría presentada por Schwartz (1992) se cumple al analizar la relación existente entre los valores de los directivos y su actividad gerencial, pero se contrapone a Madrigal, Koontz y Wheirich, y Robbins, quienes proponen el liderazgo como una habilidad para promover la colaboración del personal, flexibilidad para romper con esquemas mentales rígidos y sobre todo capacidad de crear un ambiente de trabajo humano donde se convine la confianza, el aprecio y el respeto con el desarrollo profesional .

Puede decirse que el hedonismo como valor prevaleciente está relacionado con el indicador logro de acuerdo con los resultados referidos a la dimensión principios de promoción personal.

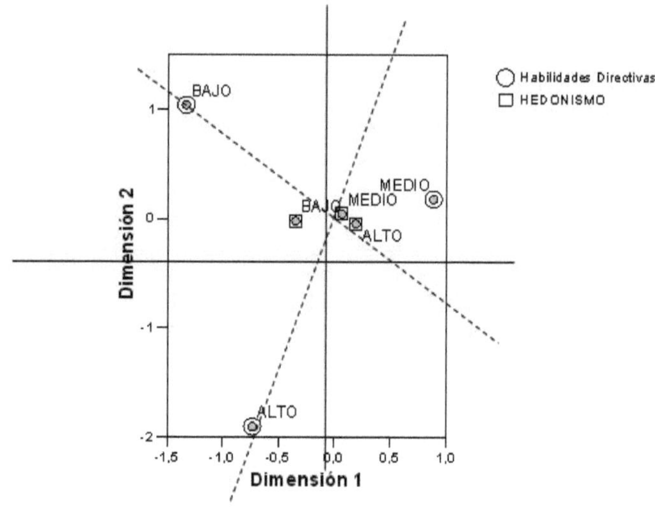

Gráfico 12.- Correspondencia entre el nivel de las Habilidades Directivas y el Hedonismo.
Fuente: Pérez y Montoya (2006).

Igual situación se presenta con la Promoción Personal. En el Gráfico 13 se observa que a mayores niveles de valoración de la Promoción personal menores son las Habilidades Directivas, es decir, que la sobrevaloración de la posición, prestigio social, control o dominio sobre personas y la obtención del éxito personal afectan el desempeño de los directivos universitarios de manera negativa. Esto podría deberse a factores como la gerencia de tipo patrimonial, a la estructura organizativa piramidal, a una dirección por valores más terminales que instrumentales, cumpliéndose así lo propuesto por Rockeach (1979) al señalar la función de autorrealización del valor dado que el sujeto evalúa para lograr la competencia, con predominio de los valores personales basado en las aspiraciones propias del directivo.

De este modo, puede decirse que los valores de poder y logro se encuentran arraigados en la naturaleza humana, ya que el individuo, en este caso los directivos, por la búsqueda de metas con la finalidad de alcanzar nivel de excelencia, de aventajar a los demás, evitar el fracaso o el miedo de no conseguirlo, se olvidan de que forman parte de un equipo dentro de las instituciones educativas para llevar a cabo los objetivos organizacionales.

Esta valoración de la promoción personal demuestra las necesidades motivacionales individuales de quienes ocupan cargos directivos descuidando así el interés organizacional, trayendo implicaciones al momento de compartir la toma de decisiones y las responsabilidades, lo que se traduce en una cultura organizacional rígida para asumir nuevos retos.

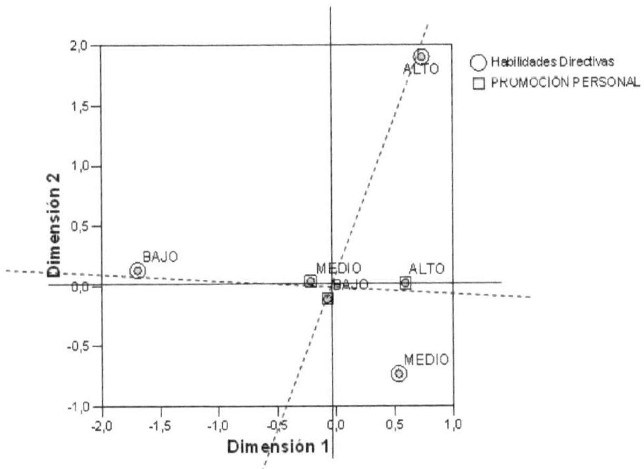

Gráfico 13.- Correspondencia entre el nivel de las Habilidades Directivas y la Promoción Personal

Fuente: Pérez y Montoya (2006).

En cuanto a la correspondencia del Conservadurismo, el Gráfico 14 muestra claramente dónde los niveles bajos de conservadurismo corresponden con bajos niveles de habilidades directivas, así como entre los medios y altos respectivos y viceversa, por lo tanto, hacer un énfasis muy acentuado en el mantenimiento del statu quo y la restricción de acciones o inclinaciones de individuos o grupos que pudieran alterar el orden tradicional constituye un factor que permite la expresión de las Habilidades Directivas tal y como se definen en esta investigación.

Esta correspondencia está basada, entre uno de los factores que la definen, en la propiedad de las instituciones donde los puestos principales son quienes formulan los principios de acción y una proporción significativa de los mismos está representada por miembros de la misma familia, donde el elemento esencial está en el respeto a la tradición, valores y costumbres, las ideas del fundador tienden a perpetuarse y la gestión de los directivos consiste en preservar lo existente antes que en asumir riesgos, contraponiéndose a la apertura al cambio.

Sucede, pues, que lo que incide significativamente al momento del manejo de habilidades no es el desinterés por nuevas cosas, sino la estructura organizativa, donde el estilo impuesto por ella subyace a lo largo del tiempo, se muestran conformes con la dirección llevada a cabo, ya que genera tranquilidad, también se encuentra un liderazgo detentado más por el poder que por sus características personales y profesionales.

Resulta claro, pues, que la tradición, la conformidad y la seguridad constituyen valores aceptados por quienes conforman el cuerpo directivo de tales instituciones universitarias privadas, bien sea por desarrollo profesional o bien por las necesidades personales que en algún momento podrían traer implicaciones desfavorables en su función gerencial.

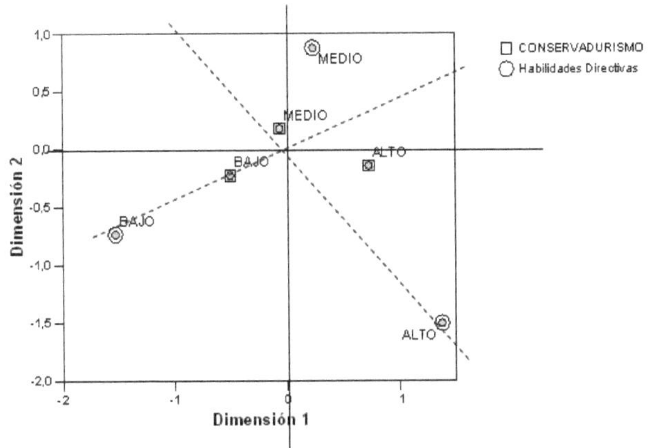

Gráfico 14.- Correspondencia entre el nivel de las Habilidades Directivas y el Conservadurismo
Fuente: Pérez y Montoya (2006).

La correspondencia directa entre la Trascendencia y las Habilidades Directivas es clara en el Gráfico 15. Allí se evidencia cómo corresponden casi totalmente los niveles bajos de los factores analizados y son muy cercanos los correspondientes a los altos y medios, de manera que la superación de los intereses egoístas a favor del compromiso voluntario en la promoción del bienestar de otros se refleja en una mejoría de las habilidades directivas.

De este modo, la correspondencia existente permite afirmar que la gerencia universitaria se apega a los valores de bienestar, ayuda mutua, aprecio y tolerancia, pudiéndose decir que el recurso humano no es descuidado, contribuyendo al bienestar global para construir mejores organizaciones con una filosofía de gestión diferente a lo que tradicionalmente se viene haciendo. Puede decirse que los resultados fortalecen la teoría presentada por Schwartz, García y Dolan, Madrigal y Bateman y Snell.

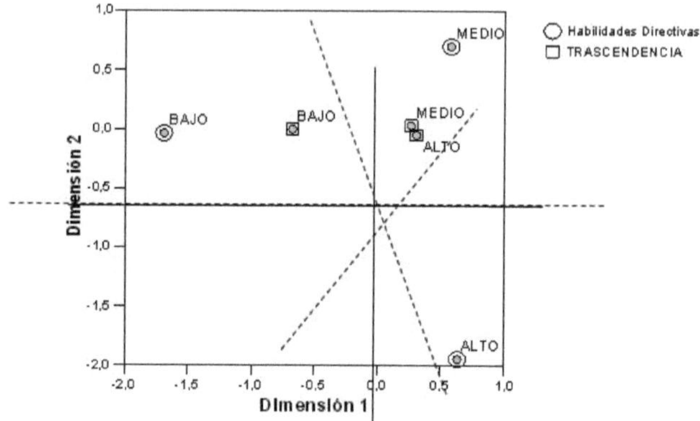

Gráfico 15.- Correspondencia entre el nivel de las Habilidades Directivas y la trascendencia
Fuente: Pérez y Montoya (2006).

En resumen, potencian las Habilidades Directivas la Apertura al cambio, el conservadurismo y la trascendencia y las limitan el Hedonismo y la Promoción personal.

TIPOS GERENCIALES EN FUNCIÓN DE LA ESTRUCTURA DE VALORES Y LAS HABILIDADES DIRECTIVAS DEL PERSONAL UNIVERSITARIO

Otro propósito en esta investigación es el de identificar tipos gerenciales en función de la Estructura de Valores y las Habilidades Directivas del personal universitario; para alcanzarlo se aplicó el Análisis Cluster o de Conglomerados.

Las características de los tres grupos identificados en función de las Habilidades Directivas y la Estructura de valores se muestran en el Gráfico 17, cuyas características resaltantes son:

- Grupo uno: constituido por el 51,61% de los gerentes, los cuales, en comparación con el resto, exhiben una mayor valoración de los tipos generales y un equilibrio (entendido como la ponderación pareja) en las habilidades gerenciales.

- Grupo dos: conformados por el 38,70% de los directivos, quienes exhiben una ponderación moderada de los tipos generales y disminución de la creatividad.
- Grupo tres: desequilibrados en los tipos generales y en las habilidades directivas con creatividad y liderazgo bajo.

Se tiene así tres tipos gerenciales de acuerdo con sus valores y el manejo de las habilidades gerenciales, pudiéndose decir que los directivos denominados "Grupo uno" gestionan sus valores y sus habilidades para el manejo del recurso humano orientado a un clima organizacional favorable, facilitan la adaptación y renovación continua de las instituciones; el tipo gerencial "Grupo dos" es aquel gerente que se centra más en las habilidades directivas que en la influencia que puedan tener los valores en su actividad gerencial, es el gerente orientado a las metas organizacionales y al cumplimiento de objetivos preestablecidos y a una cultura rígida, olvidándose de entender que los valores constituyen la base para todas las demás aptitudes y prácticas, como lo señala Robbins (2002) cuando dice que "*los valores que son necesarios para la organización*".

Con respecto al tercer tipo de gerente, los resultados permiten afirmar que son aquellos muy distantes de poseer las habilidades necesarias para el cumplimiento global de su función directiva, es urgente determinar el desarrollo de competencias para dirigir la institución.

El directivo no puede gerenciar de manera individual, necesita desarrollarse como las instituciones y el entorno externo de las mismas para afrontar los problemas.

Se trata, pues, de que los directivos de las instituciones educativas a nivel superior están inferidos por factores como la cultura nacional, la experiencia personal y las influencias del entorno, sin embargo, deben aprender a utilizar sus propias capacidades y las del personal, siendo capaces de crear un ambiente motivador, capaces de tomar decisiones con respeto a la dignidad humana, la autoestima y las relaciones interpersonales.

Cabe destacar que el tipo de dirección establecido depende de los principios y estrategias utilizadas para llevar a cabo los fines organizacionales y cómo dirigen el comportamiento de las personas para lograr su integración y consecuentemente la productividad, entonces se impone un estilo de dirección en las instituciones educativas a nivel superior.

Cómo se puede observar, de acuerdo con el desarrollo de la investigación, el directivo no solo debe tener formación profesional, sino que también debe tener conocimiento de cómo trabajar en equipo, cómo ser líder, cómo llevar a cabo una comunicación efectiva. Asimismo, debe tener una gran capacidad para el fomento del desarrollo personal, alguien que pueda crecer y hacer crecer al personal que labora dentro de las instituciones objeto de estudio.

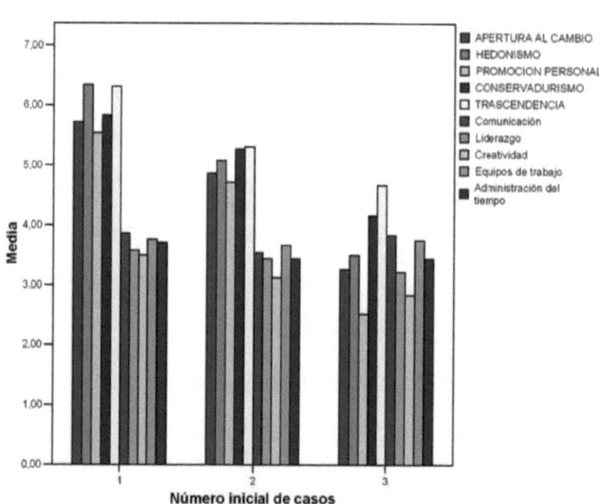

Gráfico 17.- Tipos (Conglomerados) de los directivos universitarios en función de la estructura de valores y las habilidades gerenciales

Fuente: Pérez y Montoya (2006).

Partiendo del análisis de los resultados obtenidos puede decirse que el modelo de estructura de valores propuesto por Schwartz (1992) se aplica en las universidades privadas del municipio Maracaibo, si bien se pone de manifiesto que la necesidad de conocimientos y habilidades para una dirección efectiva puede ser tan amplia como se desee, incluyendo aspectos como la tecnología, el entorno externo e interno; no es menos importante y es quizás más relevante la presencia de valores personales, motivacionales, al momento de aplicar habilidades directivas en su función gerencial. Así pues, los valores de los directivos, dados por las experiencias previas, normas de conducta y creencias, trascienden a su función directiva, ordenada por el grado de importancia, guiando de esta manera la acción que llevan a cabo.

Cabe señalar que la teoría que sustenta la investigación se cumple en la realidad objeto de estudio, como lo son las instituciones educativas a nivel superior.

TERCERA PARTE:
REFLEXIONES FINALES

Los valores ya existentes a nivel personal juegan un papel determinante en las actitudes para el manejo de habilidades directivas; ellos racionalizan la acción dentro de la mente humana. También se observa que hay predominio de valores que se interrelacionan de acuerdo con la actitud que asume el directivo al momento de la toma de decisiones y se habla entonces de valores por competencia.

Con respecto a caracterizar las habilidades directivas llevadas a cabo por el personal directivo universitario, la habilidad resaltante es la relacionada con los equipos de trabajo. Esto permite decir que el indicador recompensa está siendo aplicado adecuadamente por los directivos, generando así una cultura y un clima organizacional favorable; también se manifiesta la habilidad Comunicación como positiva, propiciando una imagen coherente de la organización, dado que se maneja un sistema de comunicación cónsono con la institución.

Igualmente, la habilidad Creatividad es la que menos aplican los directivos, expresándose en la autonomía para la toma de decisiones, olvidándose que la misma está unida al liderazgo, a la apertura al cambio.

En cuanto a la correspondencia de la estructura de valores y las habilidades directivas se puede afirmar que sí existe tal correspondencia, se expresa que la gerencia no solo pone en práctica sus conocimientos y técnicas adquiridas en su formación profesional sino que es capaz de hacer que afloren sus valores para alcanzar los fines organizacionales, la cooperación, la visión de futuro y el crecimiento personal, siendo la correspondencia positiva entre las variables estudiadas.

Puede decirse que el tipo gerencial en dichas instituciones, según las estrategias empleadas, es una dirección neutral, ya que el desarrollo de los valores no es fuerte y la dirección mantiene poco interés en trabajar por el fomento de valores.

Dada la importancia de los resultados obtenidos, se recomienda a las instituciones realizar una serie de acciones en beneficio del docente, tales como:

En cuanto al fomento y desarrollo de valores cónsonos con el desarrollo organizacional y personal de los directivos es pertinente adoptar una serie de actividades entre las cuales se tiene:

- Talleres de autorreflexión, conducidos a determinar los problemas fundamentales desde la perspectiva individual, cumpliéndose las siguientes etapas:

1.- Comprensión: aprender una definición de valor mediante la discusión abierta y honesta sobre los diferentes enfoques de la teoría de valores.

2.- Análisis: aprender cuáles son los valores personales de donde provienen y qué cambio realizar.

3.- Expresión: entender la forma como los valores guían la acción, la actitud y la actividad general

4.- Ejecución: referida a cómo aprender a comunicar los valores en las relaciones interpersonales y la toma de decisiones organizacionales.

Por otra parte, dada la habilidad directiva que presenta mayor debilidad, se recomienda la programación neurolingüística para el desarrollo de la misma, para ello se debe:

- Analizar la estructura organizativa y del proceso de decisión para obtener un diagnóstico de los factores que inciden en la baja creatividad.

- Realización de cursos y talleres que promuevan cambios en el sistema de creencias que favorezcan el desarrollo personal mediante la realización de ejercicios mentales donde se estimula la creatividad.

- Proporcionar a los directivos la competencia general para la formulación de nuevas estrategias como estímulo reforzador.

- Crear un plan de refuerzos positivos mediante comunicaciones, escritos personales, publicación en revistas, periódicos.

Para mejorar la comunicación también es recomendable la Programación Neurolingüística (PNL) a través de la interiorización de sus habilidades y competencias comunicacionales, eliminando la interrelación entre lo que se comunica y lo que se entiende, siendo este uno de sus supuestos.

- Mediante conversaciones formales e informales con el personal directivo podrá detectar los obstáculos que frenan el alcanzar los objetivos.
- La PNL también le sirve a los directores para tener una visión clara en la definición de las metas y objetivos, permitiendo visualizar anticipadamente la imagen del éxito.
- La PNL enseña a los directivos a realizar conversaciones efectivas para orientar hacia los resultados deseados.

Debe señalarse que para mejorar el trabajo en equipo la PNL constituye una herramienta favorable puesto que:

- Le provee a las instituciones y a los equipos dentro de ella la eliminación de prejuicios en cuanto a las habilidades de los compañeros y sus conocimientos.
- Estimula la confianza en los integrantes mediante el desarrollo de la autoestima y el manejo de las emociones.
- Dentro del equipo el directivo mantiene su individualidad y al mismo tiempo favorece la cohesión del grupo.
- Ayuda a fortalecer el diálogo interno, logrando confianza y motivación mediante la utilización de técnicas grupales e individuales.

Otra estrategia recomendada en cuanto al desarrollo del liderazgo es el Coaching, entendido como una técnica que abre nuevas estrategias para estilos de dirección centradas entre otras cosas en el desarrollo de líderes para la ampliación de los talentos adquiridos, para lograr esto los directivos podrían:

- Sensibilizarse: sobre las tendencias de cambio y cómo estas requieren de un nuevo estilo de liderazgo, alentando el desarrollo, favoreciendo la participación en el qué hacer y la toma de decisiones.
- Identificar: el director mediante las relaciones interpersonales que establece con el personal puede a través de un diagnóstico individual detectar potencialidades para luego desarrollarlas.
- Conocer y practicar las habilidades fundamentales del modelo de liderazgo más adecuado.
- Desarrollar programas de formación de liderazgo con valores orientados a la cooperación, comunicación y disciplina y el desarrollo de potencialidades.

Finalmente es recomendable que las instituciones educativas apliquen *empowerment* para una actividad gerencial más exitosa y el formato de valores personales y responsabilidad compartida, realizando algunas actividades como:

- Delegación de funciones: confiando en la capacidad del personal, dándole la oportunidad de tomar decisiones hasta cierto nivel, dependiendo de las repercusiones.
- Fomentar el equilibrio entre el desarrollo personal y profesional, conociendo sus habilidades puede asignar las tareas adecuadas.
- Fomentar valores, como la voluntad de hacer siempre el esfuerzo para alcanzar metas más altas.
- Delegar autoridad en el personal, permitiendo tomar decisiones que tengan que ver con su trabajo.
- Las instituciones deben dar a conocer su visión, misión y valores para que los directivos sepan qué acción tomar en cualquier momento.
- Diseñar un plan de acción especificando qué hará y cuándo determinada tarea.

- Canalizar la energía emocional y espiritual para que las personas se sientan valoradas y respetadas en su trabajo y se motiven a compartir responsabilidades.

REFERENCIAS BIBLIOGRÁFICAS

Arciniegas y González (2002). *Valores individuales y corporativos percibidos: una aproximación empírica.* Universidad de Salamanca. Trabajo publicado. Revista de psicología social. Volumen 12, Nº1.

Bateman, T. y Snell, S. (2005). *Administración. Un Nuevo panorama competitivo.* Traductor: María G. Cevallos. México. Editorial McGraw- Hill.

Chiavenato, Adalberto (2002). *Administración en los nuevos tiempos.* Traductor: Germán Villamizar. Colombia. Editorial McGraw-Hill.

Da Rocha, A. (1999). *El problema ético en las sociedades pluralistas.* Airpower Journal. Edición Brasileña. http://www.airpower.maxwell.af.mil/apjinternational html.

García, S. y Dolan, S. (1997). *La Dirección por Valores.* Madrid. Editorial McGraw-Hill.

Hernando, M. (1997). *Estrategias para educar en Valores.* Madrid. Editorial CCS.

Koontz y Wherich (2002). *Administración. Una perspectiva global.* Traductor: Enrique Mercado. México. Editorial McGraw-Hill.

Kornblit, A. (1994). *Vigencia del concepto de valor en las ciencias sociales.* Buenos Aires. Universidad de Buenos Aires. Instituto de Investigaciones Gino Germani.

Madrigal, Bertha (2002). *Habilidades Directivas.* México, Editorial McGraw- Hill.

Madrigal, Bertha (2005). *Liderazgo. Enseñanzas y Aprendizaje*. México, Editorial McGraw-Hill.

Robbins y Coultier (2000). *Administración.* Traductor: Manuel Ortiz. México, Editorial Prentice Hall.

Romero, O. (1998). *Valores en la transición organizacional.* Venezuela. Centro de Investigaciones Psicológicas. Universidad de los Andes.

Stoner, Freeman Gilbert (2003). *Administración.* Traductor: Pilar Mascaró. México, Editorial Prentice Hall.

Tunnermanh, C. (1999). *Los valores: una perspectiva universal.* México, Universidad de Guanajuato. http://www.guanajuato.gob.mx.

ANEXOS

ANEXO A

INSTRUCCIONES

A continuación se presenta una lista de valores de manera que a cada uno, después de analizarlo bien, va a evaluarlo "COMO PRINCIPIO QUE GUÍA MI VIDA", usando la siguiente escala de nueve (9) puntos:

- De máxima importancia (7)
- Muy importante (6)
- Importante (1,2,3,4,5)
- No importante (0)
- Opuesto a mis valores (-1)

Ejemplo: cuando analice el valor "conservar mi imagen pública" (opinión de los demás) considera que es "importante" pero que se acerca más a lo "no importante", le asigna una puntuación de 1, si se acerca a "muy importante" pero no llega hasta allá le asigna 5, si es intermedio le coloca 3 y si es de "máxima importancia" le asigna 7.

CUESTIONARIO SOBRE ESTRUCTURA DE VALORES

VALOR	Puntuación
1. Amistad Verdadera (Amistad sincera)	
2. Armonía con la naturaleza (Vivir sin alterar el ambiente)	
3. Amor Maduro (Verdadera intimidad sexual y espiritual)	
4. Respeto por sí mismo (Estimulación propia)	
5. Armonía Interior (Libre de problemas internos)	
6. Conservar mi imagen pública (Opinión de los demás)	
7. Disfrutar de la vida (Aprovechar las cosas buenas)	
8. Exitoso (Triunfar en la vida)	
9. Influyente (Rodearse de gente poderosa)	
10. Justicia Social (Inexistencia de pobreza o explotación de los demás)	
11. Libertad (Independencia, posibilidad de escoger)	

12. Orden Social (Tranquilidad pública, libre de conflictos sociales)	
13. Placer (Satisfacción de los sentidos)	
14. Poder Social (Controlar las situaciones políticas, económicas)	
15. Protección del medio ambiente (Evitar la alteración de la naturaleza)	
16. Reciprocidad de favores (Recibir correspondencia por un favor)	
17. Reconocimiento Social (Respeto, admiración por parte de los demás)	
18. Respeto a los padres y superiores (Considerar a los padres y superiores)	
19. Respeto por la tradición (Conservar la cultura familiar, comunitaria)	
20. Riqueza (Estabilidad, progreso económico, poseer cosas)	
21. Sentido de pertenencia (Sentimiento de estar en el lugar adecuado)	
22. Seguridad Familiar (Estabilidad, cuidado de los seres queridos)	
23. Seguridad Nacional (Libre del dominio extranjero)	
24. Tolerancia (Aceptar la forma de ser y pensar de los demás)	
25. Una vida excitante (Una vida llena de emociones, estimulante, activa)	
26. Una vida variada (Cambiar situaciones en la vida)	
27. Un mundo de belleza (Sin sucio, ni contaminación)	
28. Un mundo de paz (Libre de guerras y conflictos)	
29. Aceptación de mi parte en la vida (Conforme con lo que me toca ser)	
30. Ambicioso (Búsqueda de la gloria y fortuna)	
31. Atrevido (Arriesgarse, asumir algo arriesgado)	
32. Autoridad (Poder mandar, gobernar, dirigir)	
33. Autodisciplina (Cumplimiento de las reglas para mantener el orden)	

34. Ayudar (Cooperar con los demás)	
35. Buenos Modales (Buen comportamiento, amable)	
36. Capaz (Efectivo)	
37. Creatividad (Inventiva, originalidad, imaginativo)	
38. Curioso (Deseo de saber, conocer)	
39. Devoto (Fervor religioso)	
40.Eligiendo mis propias metas (Establecer la dirección de mis acciones)	
41. Honestidad (Sinceridad, correcto)	
42. Humilde (Sencillo, desprendido)	
43. Igualdad (Hermandad, igual de oportunidades para todos)	
44. Independiente (Confiado de si mismo, con iniciativa)	
45. Inteligente (Capaz de resolver problemas)	
46. Lealtad (Fiel, incapaz de traicionar)	
47. Limpio (Sin mancha, sin suciedad)	
48. Moderado (Mantenerse entre los extremos)	
49. Obediente (Respetuoso de las órdenes)	
50. Perdonar (Obviar la falta de los demás)	
51. Privacidad (Recogimiento interior, apartarse para meditar)	
52. Responsable (Confiable, cumplido)	
53. Sabiduría (Conocimiento, experiencia en la vida)	
54. Salud (Libre de enfermedades físicas y mentales)	
55. Un propósito en la vida (Conocimiento de su destino)	
56. Una vida espiritual (Unido a lo divino)	

ANEXO B
INSTRUCCIONES

Lea detenidamente todo el cuestionario antes de responder la totalidad de los ítems.

El cuestionario presenta las siguientes alternativas, usando la siguiente escala de cuatro (4) puntos:

- De acuerdo (4)
- Moderadamente de acuerdo (3)
- Moderadamente en desacuerdo (2)
- En desacuerdo (1)

Por favor, responda todos los ítems, si tiene alguna duda o confusión en relación con algunos de los ítems, se le agradece indicarlo.

CUESTIONARIO SOBRE HABILIDADES DIRECTIVAS DEL PERSONAL UNIVERSITARIO

ÍTEM	De acuerdo	Mod. de acuerdo	Mod. en desacuerdo	En desacuerdo
1. Explica el cómo y cuándo hacer la actividad.				
2. La información llega a todos los niveles y personas aunque no se encuentren presentes.				
3. Expresa de manera positiva los mensajes que se dice a sí mismo.				
4. Emplea sistema de				

recompensa a su personal.				
5. Discute la metodología de trabajo.				
6. Le da al personal la libertad de innovar.				
7. En sus actividades delega poder en los demás para solucionar problemas.				
8. La conformación de equipos de trabajo favorece la toma de decisiones compartidas.				
9. Maneja la habilidad para fijar metas de tiempo.				
10. Atiende visitas inesperadas en su horario de trabajo.				
11. Permite al personal autonomía para tomar decisiones.				
12. El uso de canales de comunicación facilita el flujo de información.				
13. Establece prioridades de acuerdo al tiempo de ejecución.				
14. Combina la disposición a la tolerancia con la asertividad.				

Printed by Books on Demand GmbH, Norderstedt / Germany